西班牙语语言学教程

宋　扬　编著

U0427409

图书在版编目(CIP)数据

西班牙语语言学教程 / 宋扬编著. —北京：北京大学出版社，2021.7
ISBN 978-7-301-32280-2

Ⅰ. ①西… Ⅱ. ①宋… Ⅲ. ①西班牙语 – 语言学 – 高等学校 – 教材 Ⅳ. ① H349.3

中国版本图书馆 CIP 数据核字 (2021) 第 122369 号

书　　　名	西班牙语语言学教程 XIBANYAYU YUYANXUE JIAOCHENG
著作责任者	宋　扬　编著
责 任 编 辑	初艳红
标 准 书 号	ISBN 978-7-301-32280-2
出 版 发 行	北京大学出版社
地　　　址	北京市海淀区成府路 205 号　100871
网　　　址	http://www.pup.cn　新浪微博: @北京大学出版社
电 子 信 箱	alicechu2008@126.com
电　　　话	邮购部 010-62752015　发行部 010-62750672　编辑部 010-62759634
印 刷 者	北京虎彩文化传播有限公司
经 销 者	新华书店
	730 毫米 ×980 毫米　16 开本　18.25 印张　280 千字 2021 年 7 月第 1 版　2023 年 3 月第 2 次印刷
定　　　价	68.00 元

未经许可，不得以任何方式复制或抄袭本书之部分或全部内容。
版权所有，侵权必究
举报电话: 010-62752024　电子信箱: fd@pup.pku.edu.cn
图书如有印装质量问题，请与出版部联系，电话: 010-62756370

前　言

西班牙语是联合国工作语言之一，是欧洲、美洲、非洲21个国家的官方语言。21世纪以来，随着我国与西班牙及拉丁美洲各国双边和多边关系的加强，西班牙语各国成为我国国际事务中重要的战略及合作伙伴，西班牙语也随即成为"热门"语言。1999—2020年间，我国开设西班牙语专业的高校数量从12所增加到近120所，在校学生数从500多名骤增至13000多名。在此背景下，开设多样化的课程、编写丰富的教材成为每一位西班牙语教师不可推卸的责任。

2012年，笔者为北京大学外国语学院西班牙语语言文学专业四年级学生开设了"西班牙语语言学导论"这门课程。该课程2学分，32学时，内容涉及西班牙语语音、词法、句法、语义、西班牙语史、各西班牙语国家语言变体等领域，旨在让学生对西班牙语的学习不仅仅停留在能够听说读写的技能层面，而是要从科学的角度理性、深层地认识这门语言。2016年，笔者申请了北京大学教材建设立项项目，《西班牙语语言学教程》获准立项。经过3年的努力，书稿付梓。

针对"西班牙语语言学"（lingüística española）这个名称，一些同仁提出过异议："语言学"就是"语言学"，研究的是各语言的共通法则，不存在"西班牙语语言学"这门学科。这个观点没有问题，因为依据教育部颁布的《学位授予和人才培养学科目录（2018年4月更新）》，和语言相关的学科门类是"文学"，其下一级学科"外国语言文学"中设置"西班牙语语言文学"，没有"西班牙语语言学"；依据国家颁布的《学科分类与代码（GB/T 13745-2009）》，"语言学"门类中包括"外国语言"，下设"西班牙语、葡萄牙语"，同样不存在"西班牙语语言学"这个学科。笔者之所以坚持使用"西班牙语语言学"这一名称，主要是出于专业人才培养的考量。如果说普通语言学是运用归纳法总结人类语言中普遍通行的法则，那么这里讨论的西班牙语语言学则是运用演绎法，把抽象的、凝练的普遍法则运用到具体的语言——西班牙语，从而引导西班牙语语言文学专业的学生更加深刻地理解所学语言，让西班牙语成为学生可以研究的对象，而不仅仅是用于交际的工具。应该是出于同样的理据，国内其他外语专业同侪近年也先后出版了《英语语言学导论》《德语基础语言学导论》《德语语言学导论》《法语语言学导论》《阿拉伯语语言学》《日语语言学》等同类教材。在国外，开设相关专业的高校也都基本讲授 lingüística española 或 lingüística hispánica 等课程。

关于教材的章节内容，笔者原计划纳入西班牙语演变史（evolución de la lengua española）、西班牙语语言研究史（historiografía lingüística de español）以及世界西班牙语变体（variedades del español en el mundo）等，但经过论证及试用，发现内容过多，教师很难通过32学时完成讲授，造成"贪多嚼不烂"的后果。最终，笔者将以上3部分剥离出来，作为独立的课程开设。

本教材包含5个章节：第一章是总论，主要介绍西班牙语概况、语言学中的一些基础概念、人类语言的特征及功能、语言学的内部学科及交叉学科、西方语言学的发展脉络以及西班牙对语言学发展的贡献；第二章主要介绍西班牙语的语音，包括语音学及音系学的基本知识、西班牙语元音及辅音、西班牙语与汉语普通话的辅音系统对比、西班牙语音节及语音特征；第三章是词法，着重讲解了一些和词法相关的重要概念、西班牙语词类、词的屈折特征及构词法；第四章是句法，主要讲解句法及研究单位、句子的句法功能、语义功能及信息功能，着重对西班牙语中的从句进行了详细的梳理；第五章是语义及语用，首先讲解指示、意义及概念等几个重要术语，之后介绍词义间的关系与词义分析，最后引出语用学中几个关键的理论，如言语行为理论、合作原则、关联理论、礼貌原则等。

  本教材内容浅显易懂，适合西班牙语专业本科在读三年级和具有中级西班牙语水平的学生。对于学有余力的三年级和四年级学生，除了学习教材正文内容外，建议阅读文中"课外阅读"部分列出的文献（包括西班牙语学术论文和著作章节）。这些文献或者对某一研究主题进行了详尽的阐述，或者在研究方法、研究思路上有着重要的创新，是学生加深对西班牙语的认识、提高语言研究能力的宝贵资源。

  在讲解语法时，本教材以西班牙语各国语言学院合作编写的 *Gramática de la lengua española* (2008)为主要依据，同时参考 *Gramática descriptiva de la lengua Española* (1998)， *Diccionario panhispánico de dudas* (2005)， *El buen uso del español* (2013) 等著作，对国内教学中传统的语法体系进行了修订，对一些语法现象的称呼、术语的概念等进行了更新。

  本书首次出版，更由于教学经验及理论水平所限，所以书中难免存在疏漏不当之处。真诚恳请学界各位前辈及读者不吝赐教，本人不胜感激。

目 录

第一章　总论 ··· 1
　1.1　关于西班牙语 ······································ 3
　1.2　语言学中的三个重要概念：lengua，lenguaje与habla ······· 6
　1.3　人类语言独有的特征 ································ 8
　1.4　人类语言的功能 ··································· 12
　1.5　语言学的子学科及交叉学科 ·························· 16
　1.6　语言学中的几组概念 ······························· 19
　1.7　欧美语言学简史 ··································· 22

第二章　语音 ·· 31
　2.1　语音学 ·· 33
　2.2　音系学 ·· 41
　2.3　西班牙语中的元音与辅音 ···························· 43
　2.4　西班牙语音节 ···································· 61
　2.5　西班牙语语音特征 ································· 65

第三章　词法 … 73
3.1　关于语法 … 75
3.2　词法及一些基本概念 … 79
3.3　词类 … 83
3.4　构型法 … 86
3.5　构词法 … 93

第四章　句法 … 113
4.1　句法及其研究单位 … 115
4.2　功能 … 120
4.3　句子的分类 … 138
4.4　复合句 … 143

第五章　语义及语用 … 177
5.1　语义及语义学 … 179
5.2　词义的关系 … 191
5.3　词义分析 … 214
5.4　语用 … 219

西中术语目录 … 241

中西术语目录 … 257

重要术语解释 … 273

第一章　总论

El genio más íntimo de cada pueblo, su alma profunda,
está sobre todo en su lengua.

Jules Michelet

语言学，西班牙语名称为lingüística，顾名思义，是一门研究语言的学科。虽然我们每天都讲话，有些人甚至还会讲多门语言，但是我们真的对习以为常的语言有科学、理性的认识吗？

对于很多人来说，语言只是一种工具，只要会使用就可以了，不需要知道为什么这样使用、是什么原因导致需要这样使用。然而，对于以语言为专业的学生而言，不论是为了更加准确、恰当地使用这门语言，还是希望在未来从事语言研究工作，深入了解这门语言的语言学特征是极其必要的。

1.1 关于西班牙语

全世界有3000—5000种语言，西班牙语是其中重要的成员。无论从使用国家数、覆盖面积，还是从使用人口上看，西班牙语都是当今世界当之无愧的主要语言。以西班牙语为官方语言（lengua/idioma oficial）的国家有21个，图1.1列举了这些国家的人口概数。

除此之外，西班牙语还是安提瓜和巴布达（Antigua y Barbuda）、巴哈马（Bahamas）、巴巴多斯（Barbados）、伯利兹（Belice）、格林纳达（Granada）、美国（Estados Unidos）、巴西（Brasil）、牙买加（Jamaica）、阿鲁巴（Aruba）、博奈尔（Bonaire）、圣文森特和格林纳丁斯（San Vicente y las Granadinas）、荷属圣马丁（Sint Maarten）、特立尼达和多巴哥（Trinidad y Tobago）、西撒哈拉（Sahara Occidental）、圭亚那（Guyana）等国家和地区的第二大语言。

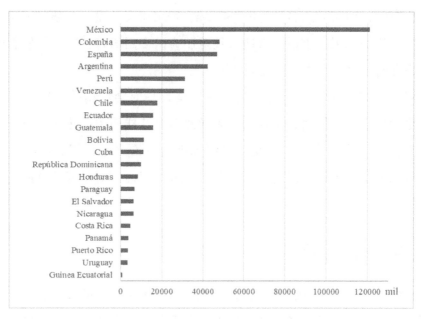

图1.1 以西班牙语为官方语言的国家及人口数量

课外阅读
关于西班牙语在世界语言大家族中的地位，请阅读以下文献。 Título: *Atlas de la lengua española en el mundo* Disponible en: <https://www.fundaciontelefonica.com/arte_cultura/publicaciones-listado/pagina-item-publicaciones/itempubli/539/>

按照各语言语音、词汇、语法之间的对应特征和演变规律，世界上的语言可以划分为不同的语系（familia de lenguas）。汉语中，习惯上将语系的下一级分类单元称为语族，语族的下一级分类单元称为语支，语支下为具体的语言，再往下还可细分为方言、次方言等。西班牙语中，一般将语言的最上层分类单元称为语系，语系之下不再有专门的名称来称呼各个分

类单元，直接用复数形式lenguas + *adjetivo*表示。下图展现的是西班牙语与其他一些语言的联系：

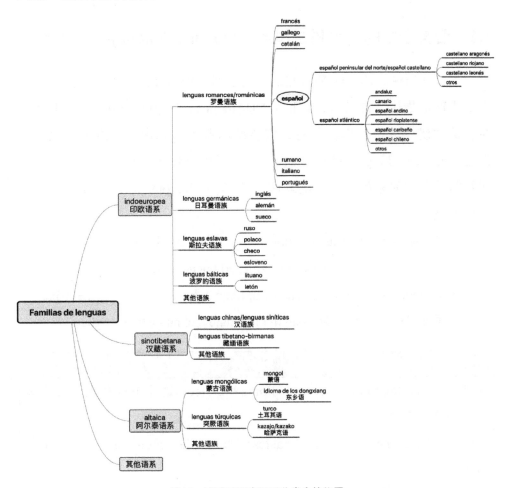

图1.2　西班牙语在语系分类中的位置

按照形态特征，语言又可分为孤立语（lenguas aislantes，如汉语）、黏着语（lenguas aglutinantes，如土耳其语、日语、芬兰语）、屈折语（lenguas flexivas，如西班牙语、德语、俄语）等。因此，我们这样描述西班牙语：

El español es una lengua flexiva que pertenece a la rama de las lenguas romances de la familia indoeuropea.

1.2 语言学中的三个重要概念：lengua，lenguaje与habla

如之前所说，语言学是研究语言的学科。但是在语言学领域内，有三个术语都可指代"语言"，它们分别是lengua，lenguaje和habla。那么，在表达"研究语言的学科"时，应该使用哪个词来指代"语言"呢？换言之，lengua，lenguaje和habla在这门学科中有什么区别呢？在解答这个问题前，我们先来根据自己的理解，选择(la) lengua、(el) lenguaje或(el) habla填空。

(1) Estoy haciendo estudios sobre _____ de las abejas.

(2) La persona que sufre esta enfermedad puede perder _____.

(3) Después de vivir varios años allí, llegó a dominar _____ del país.

上面练习中，三句应分别使用el lenguaje，el habla和la lengua。

课外阅读

关于lengua, lenguaje, habla, idioma和dialecto这几个概念更详细的辨析，请阅读下文。

Título: "Nociones lingüísticas básicas—lenguaje, lengua, habla, idioma y dialecto"

Disponible en:

<https://revistas.utadeo.edu.co/index.php/RLT/article/view/545>

简单地说，在语言学中，lenguaje包含lengua。lenguaje指的是任何一种交际系统（sistema de comunicación），而lengua只是人类的交际系统。所以，在我们谈论诸如"蜜蜂的语言""猫的语言"时，只能使用lenguaje

一词。另外，lenguaje还可指交际能力（capacidad de comunicación），这是另外两个词语不具备的用法。

总的说来，lenguaje可以进行以下分类：

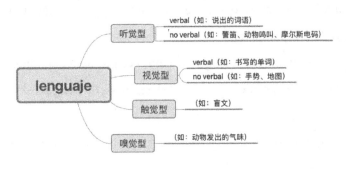

图1.3　lenguaje分类

lengua是lenguaje humano具体的体现形式，是人类交际所用的代码的总称，包括语言符号及其组合的规则。而habla强调的是说话者个人的具体行为过程，其发生与否以及发生方式完全取决于个人的意愿。

lengua与habla的区别最初由索绪尔（Ferdinand de Saussure）提出，汉语学界通常将lengua译为"语言"，将habla译为"言语"。索绪尔认为研究语言学的第一步就是区分lengua与habla。lengua是社会的、同质的、抽象的，是音义结合的系统和语法系统的总和。而habla是个人的、异质的、具体的，是个人说话或写作的行为和结果。lengua与habla密不可分、相互依存。lengua是从具体的、大量的habla中概括而来的，而habla的使用又需要遵循lengua的规范。

回到我们一开始提出的问题：在表达"研究语言的学科"这句话中"语言"一词时，应该使用lengua，lenguaje还是habla呢？显然，应该使用lenguaje。正如皇家语言学院对lingüística所下的定义是：

lingüística f. Ciencia del lenguaje

随堂练习

选词填空。

(1) Manuel es informático y sabe varios/as _____ (lenguajes/lenguas/hablas) de programación.

(2) _____ (el lenguaje/la lengua/el habla) es propio/a del hombre.

(3) El pobre chico perdió _____ (el lenguaje/la lengua/el habla) en un accidente aéreo.

(4) No comprendo _____ (el lenguaje/la lengua/el habla) de los sordomudos.

1.3 人类语言独有的特征

语言是人类区别于其他动物的关键因素之一，但是我们却很难说清楚到底是什么原因使得人类的语言（lenguaje humano）比动物的语言（lenguaje de los animales）更高级。因此，我们在学习语言学的时候，需要明白一个问题：与动物语言相比，人类的语言到底有什么独有的特征？

全世界有70多亿人口，在使用3000—5000种语言。虽然语言间差别迥异，但人类的语言却有一些共同的特征。这些特征主要包括以下几条。

1）任意性（arbitrariedad）

任意性这一概念最初是由索绪尔提出的，指的是在任何一门语言中，声音和用这个声音来表达的意义之间没有必然关系。例如，对于下面这个动物：

图1.4 你到底叫什么？

作为自家宠物，我们可能会为它们起名叫卢卡斯、鲍豪斯、路易斯等，但作为这一物种的统称，汉语中叫作"猫"，西班牙语叫作"gato"，芬兰语叫"kissa"，但是，为什么它在每个语言中的发音是这样的？这是无法解释的，这就是任意性。

每个语言都用自己的声音来指代同样的物体，这就是任意性。同样，虽然汉语中的"牛"这个字是象形文字，取牛头及牛角之形象♈，但是为什么用[ɲiou³⁵]这个音来指代这种动物，这还是任意的。

但是这里需要特别强调的是：任意性是针对声音和意义建立联系的最初阶段而言的，即最初用什么声音表达什么意义没有道理可言。可是两者一旦建立联系并形成约定俗成的用法以后，声音和意义之间就有很强的固定关系了。例如，我们不能再把上面这个动物叫作"狗"或"书"。

2）移位性（desplazamiento）

移位性指的是人类可以通过语言来表达不在交际现场的事件、物体、概念等。我们可以谈论古罗马帝国，谈论当今世界贸易，谈论未来的人生理想，等等，但这是其他动物所无法实现的。动物一旦受到刺激会马上做出相应的交际反应，但这一反应是即时的。例如，当一只狗朝另外一只狗大叫时，它可能想警示对方"别过来，这块地盘是我的"，但绝对不会表达"我明天下午5点还会回来"。再比如，一只大猩猩无法向其他大猩猩表达"我的父母都是普通的猩猩，但他们都很爱我"这种概念，因为动物的语言缺少移位性。

3）二重性（articulación dual）

我们可以把人类的语音分为两个层面：在底层是单个的语音，比如西班牙语和汉语都有的[a], [l], [f], [m]等，这些单位并没有意义。但当这些孤立的语音个体组成了词语之后，就成为处于表层的有意义的单位，如[maˈma]。也就是说，口语的组成成分是并不具有意义的独立的语音。这些语音的唯一作用就是排列组合成为有意义的语音单位（如西班牙语中的单词）。对比而言，动物的语言就不具备这种二重性。很多动物用特殊的呼喊方式进行交际，这些呼喊声也有特殊的含义。但是这些呼喊的声音既不能进一步进行拆分，也不能再与其他声音进行组合，因此动物发出的声音没有二重性。

课外阅读

请阅读法国语言学家埃米尔·本维尼斯特（Émile Benveniste）的这篇文章。

Título: "Comunicación animal y lenguaje humano"

Disponible en:

<https://enelmargen.com/2016/04/05/comunicacion-animal-y-lenguaje-humano-1-emile-benveniste-2/>

4）多产性（productividad）

我们能发出的语音是有限的，但是却可以通过有限的音来组成数量庞大的字或词，再组合成无限的句子，这就是人类语言所特有的多产性。语言的多产性来源于语音的二重性，二重性使得说话人仅仅利用基础的语言单位就能创造出无限量的句子，而且很多句子可能是说话人从未听过或说过的。也正是因为多产性，我们在学习外语时，总是把单词作为核心。例如，专业西班牙语考试中，四级水平要求学生掌握4000个单词，八级水平要求8000个单词，但是从未规定过需要掌握多少个句子，因为从语言多产性的特点出发，我们可以用有限的词汇说出无限的句子。这里当然需要说明，一些固定句型是必须要掌握、记忆的，仅凭单词无法简单堆砌出来。

5）欺骗性（prevaricación）

人类可以利用语言来传递虚假信息（如谎话），这是绝大多数的动物语言所不具备的。近来有生物学家发现有些类人猿为了保护食物不被同类占有，会发出虚假的警告声，谎报周围有危险。从这个角度看，猿猴也会撒谎。

6）自指性（reflexividad）

自指性由美籍俄裔语言学家罗曼·雅各布森（Roman Jakobson）提出，指的是交际系统能够指称自身。如下句：

(1) La palabra *casa* tiene dos sílabas.

句中斜体单词casa并非指代某个"家"，而是指这个单词本身，这一功能是人类语言所特有的。

7）离散性（unidades discretas）

人类的语言表现出离散的特点。所谓离散，这里指语言单位并非连贯。也就是说，听话人接收信息时，听到的是一个一个单独的语言单位。动物的语言没有这个特点。动物的语言（比如狮子吼叫）是连续性的，只有通过延长吼叫的时间，或者提高吼叫声的大小来表达感情的强弱。试想：我们说caaaaasa时并不表示它比casa更大，也就是说，我们并不会通过拉长casa的读音来表示一个更大的房子。

8）创造性（creatividad）

人类的语言可以在不受内在或外在的刺激下表达出来，人类可以在任何环境下表达，而动物的语言一般是在受到外界刺激时才能发出的。当然，很多时候人的语言也是在受到外界刺激时才发出的，以下面的对话为例：

(2) A: Buenos días.

B: Buenos días.

A: ¿Qué tal las vacaciones?

B: Fenomenal.

可以看出，B是在受到A的刺激下做出了相应的反应。但是除此之外，人类却可以在无外界刺激的环境下自由表达，而动物的语言则无此特性。

 随堂练习

任意性、移位性、语音的二重性及自指性是人类语言的特征。请思考，如果人类的语言缺少这四个特征中的某一个，那么结果会怎样？

1.4 人类语言的功能

先请大家思考下面这个问题：

¿Qué funciones tiene el lenguaje humano?

对于这个问题，大家可能找到无数的答案：语言能够发出请求，能够用于提问，用于道歉，用来抒情，用于警告、致谢、问候，等等。以上这些答案都是正确的。但是，语言学家在总结人类语言的功能时，并不是简单罗列语言具体的功能及作用，而是先将人类的交际模型化，再从抽象的角度来讨论。

1.4.1 雅各布森模型

罗曼·雅各布森首先抽象出人类的交际模型，该模型如下图所示：

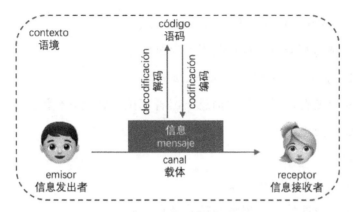

图1.5 雅各布森交际模型

该模型中有6个要素，分别是信息发出者（emisor）、信息接收者（receptor）、信息发布的物理载体（canal，如电话、信件、网络等）、信息（mensaje）本身、构成信息的语码（código），以及交际所处的环境，即语言学中所说的语境（contexto）。罗曼·雅各布森根据这6个要素，确立了6种相应的语言功能，分别是：

1）情感功能（función emotiva/emocional）

从信息发出者的角度出发，语言具有用于表达观点、态度、情绪和感情的作用。如：

(1) ¡Ay, Dios mío!

(2) ¡Olé!

(3) ¡Ojalá no llueva!

2）意动功能（función apelativa/conativa）

从信息接收者的角度看，语言是要有意动性的，是要产生某种效果的。如：

(4) Pasa por esta calle y gira a la derecha.

(5) ¿Me permites un segundo?

(6) No dejes para mañana lo que puedas hacer hoy.

以上这些例句都会对信息接收者产生某种影响。

3）接触功能（función fática/de contacto）

从载体的角度看，语言能使信息发出者和接收者建立交流关系。如：

(7) Disculpe, caballero.

(8) ¡Hola!

(9) Estáis conmigo, ¿verdad?

以上例句可以使信息发出者与接收者建立起联系。

4）诗学功能（función poética）

诗学是研究诗歌语言结构特点的学科，而语言学是研究语言普遍结构特点的学科，因此可以认为诗学是语言学的子学科。在此观点下，罗曼·雅各布森把诗歌语言具有的能使读者关注语言自身的特点扩展到语言的功能上来。因此从信息的角度看，诗学功能是语言的主要功能之一。如：

(10) Hoy es una mañana radiante, sonriente y brillante.

(11) Mis ojos lloran por verte, mi corazón por amarte, mi boca por besarte, y mis brazos por abrazarte.

(12) Ayer su tía pasó a mejor vida.

以上例句通过韵律美感及委婉的修辞手法，使得语言体现出诗学功能。

5）元语言功能（función metalingüística）

当我们讨论一件事物时，我们所使用的语言被称为对象语言，因为它表现的是事物这个对象；而当我们用语言谈论语言时，我们所使用的语言被称为元语言（metalingüística）。简单地说，元语言功能就是用来说明语言本身的功能。例如以下两个句子：

(13) José tiene dos hermanos.

(14) *José* tiene dos sílabas.

第二句体现的就是元语言功能。当然，按照书写规范，这种情况下一般会通过双引号、下画线或斜体的形式来标记出强调的语言本体。如：

(15) "Show" es préstamo.

(16) La preposición *bajo* indica posición.

(17) La oración subordinada que le gusta depende del verbo sabes.

6）所指功能（función referencial）

从语境的角度看，语言具有传递信息的功能。如：

(18) Su padre falleció.

(19) Manuel está triste.

需要说明的是，很多情况下同一个语句具有多种功能，因此要依据具体语境独立分析。

 随堂练习

按照雅各布森模型，分析以下语句的功能（注意，有些语句可能不止具有一种功能，请自己构建语境并分析）：

(1) ¿Me has escuchado?

(2) ¡Qué guapa estás!

(3) Con el pan y vino, se anda el camino.

(4) Los números romanos se escriben utilizando las letras "I"，"V"，"X"，"L"，etc.

(5) Más vale pájaro en mano que cien volando.

(6) Que lo pases bien.

1.4.2 韩礼德模型

系统功能语言学（lingüística sistémico-funcional）的创始人韩礼德（Halliday）在将语言高度抽象化之后，总结了语言的三大功能：

1）概念功能（función ideacional）

语言被用来组织、理解和表达人类对于世界以及自身的感触。

2）人际功能（función interpersonal）

语言使人类能够参与到与同类的交际当中，扮演其中的一个角色，表达并理解感情和态度。

3）语篇功能（función textual）

语言被用来把所说或所写的内容与现实世界联系起来，组成语篇，这就是语言的语篇功能。

1.5 语言学的子学科及交叉学科

总的说来，语言学的研究内容是语言的结构和功能、语言发展演变的历史，以及语言与其他相关现象的关系。在语言学的研究中，由于研究目的的不同、研究方法及视角的差异，形成了形形色色的子学科及交叉学科。从研究的范围来看，语言学大体可以分为两类：内部语言学和外部语言学。

1.5.1 内部语言学

内部语言学（lingüística interna）又称微观语言学（microlingüística），主要研究的是语言的内部结构。一般说来，内部语言学至少包括以下6个领域：

1）语音学（fonética）

语音学主要研究语音，包括语音的产生（即语音是如何产生、传播及被接收的）、语音的描写和分类等，其研究的最小单位是音素（fono）。

2）音系学（fonología）

音系学研究语音和音节的构成、分布及排列规则。其研究对象是语言的语音系统，研究的最小单位是音位（fonema）。语音学研究的是人类能够发出的所有的语音，而音系学研究的则是组成语言和意义的语音子集。

3）词法学（morfología）

词法学在有些专著中也称为"形态学"。词法研究词内部的关系，如词的构成、词缀、形态变化等，其研究的最小单位是词素（morfema）。

4）句法学（sintaxis）

句法研究的是词与词之间的组合规则。

5）语义学（semántica）

语义学研究语义表达的规律性、内在解释、不同语言在语义表达方面的个性以及共性。这里所说的语义学是语言学的语义学，而不是逻辑学的语义学或计算机科学的语义学。

6）语用学（pragmática）

语用学研究特定情景中的特定话语的意义，研究如何通过语境来理解和使用语言。语义学主要研究语言结构本身和意义之间的关联，语用学主要研究同一个语言形式在不同的语言环境中的意义。

1.5.2 外部语言学

外部语言学（lingüística externa）又称为宏观语言学（macrolingüística），指语言学与其他学科形成的交叉学科（interdisciplina）。常见的学科主要有：

1）社会语言学（sociolingüística）

社会语言学是语言学与社会学的交叉学科，重在研究社会的各层面（如文化准则、社会规范或对话情境）对语言运用的影响。具体来说，该学科主要研究一个国家或地区的语言状况（如双语、多语或多方言状况）、各语言群体使用语言的状况和特征、各类语言变体（variedad lingüística）的构造特点及其社会功能、语言使用者对各种语言或语言变体的评价和态度，以及由此产生的社会效应。

课外阅读
关于语言学的内涵及外延，请阅读下文。 Título: "Las disciplinas lingüísticas" Disponible en: <https://minerva.usc.es/xmlui/handle/10347/4891>

2）心理语言学（psicolingüística）

心理语言学是语言学与心理学的交叉学科，通过心理学来研究语言学。该学科的研究内容主要包括语言词汇在大脑中的储存方式与提取、语言（语音与文字）知觉、语言加工、语言的生成、语言的发展。

3）比较语言学（lingüística comparada）

比较语言学可以研究某种具体语言历时的差异，也可研究不同语言间在语音、符号、词汇、语法上的历时演变或共时的异同。

4）语言学史学（historiografía lingüística）

语言学史学是语言学与史学的交叉学科，主要研究语言学研究的历史。

5）应用语言学（lingüística aplicada）

应用语言学是研究语言在各个领域中实际应用的学科。具体说来，主要包括语言教学、儿童语言、教育技术与语言培训、语言规划、语言测试、词典编纂、二语习得等。

6）计算语言学（lingüística computacional）

计算语言学是语言学与数学、计算机科学的交叉学科。该学科试图通过建立形式化的数学模型，来分析、处理自然语言，并在计算机上用程序来实现分析和处理的过程，从而达到以机器来模拟人的部分乃至全部语言能力的目的。

7）语料库语言学（lingüística de corpus）

语料库语言学是利用计算机和大规模语料库（corpus masivo）对语言进行词汇、语法、语义、语篇、语域变异、语言习得、语言发展和语言风格进行研究的学科。它利用计算机来标注、检索和统计语料，并对检索的语言实例和统计的语言数据从功能上进行语言学解释。运用语料库的实证研究，能为语言学难以解决的问题提供新的研究办法。

8）神经语言学（neurolingüística）

神经语言学是语言学与神经学的交叉学科，主要研究语言生成、理解、交际和掌握的神经机制，以及语言障碍的神经机制和其他语言活动的神经机制。

9）纪录语言学（lingüística documental）

纪录语言学是语言学与信息纪录学（documentación）的交叉学科。该学科旨在通过录像、录音、图片和文本等方式，对一个特定语言社区的语言实践活动及语言活动的特征进行全面、综合的纪录。

1.6 语言学中的几组概念

语言学研究流派纷呈，术语繁多。随着学习的深入，我们会逐步引入很多重要的概念。在这一部分，我们先介绍5组重要的术语。

1）共时性（sincronía）与历时性（diacronía）

共时性与历时性是语言学研究的两种方法。共时研究（estudios sincrónicos）就是取某一个时期进行研究；历时研究（estudios diacrónicos）是取语言发展主线进行研究，如研究语言的历史和发展就是历时研究。这一对概念由索绪尔提出，他曾将共时与历时比喻为一棵大树，如果截取其中一个横断面研究，是共时研究；如果从树根到顶部剖开研究，则是历时研究。由此，也产生了共时语言学（lingüística sincrónica）和历时语言学（lingüística diacrónica）这两种领域。历时语言学以语言的历时方面为对象，研究和描写各种语言或语言变体在不同历史阶段的状态和结构，探索语言演变的原因和规律。共时语言学旨在独立分析同一时间段内某种语言的特征，如由于地域不同、社会阶层不同、性别不同等因素导致的语言使用时表现出的差异。

2）描写（descripción）与规定（prescripción）

描写和规定也是语言学研究的两种方法，因此有描写性语言学（lingüística descriptiva）与规定性语言学（lingüística prescriptiva）、描写性语法（gramática descriptiva）与规定性语法（gramática prescriptiva）之分。规定性方法可追溯到古希腊及古罗马，当时的学者依据古希腊语及古典拉丁语的使用，总结出使用时应遵循的规范，明确规定什么是正确的、什么是错误的。描写性方法于19世纪出现，着重于描述和解释人们实际运用语言的方式，力图避免做判断。也就是说，描述性语言学家关注"人们到底如何用"，而规定性语言学家关注"人们应该怎么用"。

描写与规定是相辅相成的。以语法为例，语法是人们在运用语言过程中需要遵守的共同规则，就像交通规则一样，具有强制性。这种规定让人们在使用语言时有"章"可循，也确保了人们能够相互理解。在学习外语的时候，由于缺乏语言环境，以规定性方法为基础，有利于为学习者提供一个正确的语言范本。然而，随着学习的深入，学习者会慢慢意识到有时不同的用法并非是对与错的区别，而是由于不同地域、社会阶层、性别、年龄的人在使用中本身存在差异，由此描写性语法就派上了用场，它更注重约定俗成，即任何现象本无正误之分，用的人多了、广泛了，自然就被默认、接受。它更关注语言的变迁，但这种语言变迁与文化息息相关，密不可分，具有很强的时代性。

3）语言能力（competencia lingüística）和语言运用（actuación lingüística）

语言能力和语言运用由乔姆斯基（Chomsky）提出，前者指语言使用者所拥有的关于其母语的知识和技能，后者指语言使用者对语言的使用。语言能力是抽象概念，语言运用则是语言能力的体现。乔姆斯基认为，人生下来就有学习语言的机制，这种机制是由一套语法规则构成的，这套规则称为普遍语法（gramática universal），适合世界上所有的语言。当一个小孩学习语言时，他会自动地修正大脑中的语法规则来适应所学的语言。当他大脑中的这套规则与具体语言的语法规则一致的时候，他就学会了这门语言。这也就是乔姆斯基提出的转换语法（gramática transformacional）与生成语法（gramática generativa），合称转换生成语法（gramática generativa transformacional）。按照他的理论，人类学习语言的活动是人类天生的语法系统向具体语言的语法系统转换，从而生成新的语法系统。当新的语法系统生成，语言使用者就可创造出无限的句子，自由运用语言。

4）具体语言学（lingüística específica）与普通语言学（lingüística general）

具体语言学以具体的语言为研究对象，如西班牙语语言学、汉语语言学、英语语言学等。普通语言学是关于语言普遍性的理论，以研究语言的本质、普遍现象为任务，为语言研究提供基本的概念、理论和方法。

随堂练习

1. 分别列举汉语和西班牙语中5条描写性案例和5条规定性案例。

	汉语	
	规定性案例	描写性案例
举例	对于第二人称敬称"您",即使听话人为复数,也不能使用"您们"的形式。	在口语及书面语中,均存在大量"您们"的使用例子。
(1)		
(2)		
(3)		
(4)		
(5)		

	español	
	Casos prescriptivos	Casos descriptivos
p. ej.	La conjugación de *hacer* de segunda persona singular en pretérito perfecto simple es *hiciste*.	En algunos países hispanoamericanos se ha registrado el uso de *hicistes*.
(1)		
(2)		
(3)		
(4)		
(5)		

2. 以西班牙语的定冠词为例,思考可以展开哪些历时研究与共时研究。

1.7 欧美语言学简史

语言学作为一门独立的学科,其产生并非是一蹴而就的,而是经历了曲折的道路,在不同的历史时期都有重大的理论突破。虽然现代意义上的语言学诞生于19世纪,但是语言研究的缘起却可追溯到上古时期。对语言学研究的历史进行简要的回顾，可以帮助我们对语言学研究的脉络演变有一个大致的了解，从而对语言学的延续性和继承性有所体会，为今后的学习、研究提供背景和线索。

人类对语言的研究过程经历了多个阶段，其中比较重要的包括语文学（filología）阶段、经验语法（gramática empírica）与唯理语法（gramática razonada）并存阶段、历史比较语言学（lingüística histórica）阶段、结构主义语言学（estructuralismo lingüístico）阶段、形式主义语言学（formalismo lingüístico）阶段、功能主义语言学（funcionalismo lingüístico）阶段。需要强调的是，这里所说的阶段，并非是一种决然的划分，而是每个时期所主要表现出的思潮及倾向。

1.7.1 语言学发展脉络

1）语文学

西班牙语中filología一词来源于拉丁语的philologĭa，而这个拉丁词语又来源于希腊语的φιλολογία（音philología）。词首φίλος意为amado，amante或amigo，词尾λόγος意为palabra，discurso或idea。基于实际需要，语文学肇始于公元前3世纪的亚历山大时期（periodo alejandrino），也称为希腊化时期（periodo helenístico）。随着社会的发展，语言在语音、词义、句法等层面发生着微妙的变化。在这个时期，人们慢慢意识到对于传抄下来的古书读不懂了，这就需要有人对抄本做批注、考证、勘误，由此形成了语文学。从事此工作的人员在注释古籍的过程中，对语音、词汇、句法、修辞、逻辑等方面进行钻研，最终形成了语法、词典、诗韵等专著。这一时期主要的学者有标点符号的发明者阿里斯托芬（Aristófanes de Bizancio）、出版了西方第一部语法专著的狄俄尼索斯（Dionisio de Tracia）等人。

2) 经验语法与唯理语法并存

文艺复兴运动开始后，拉丁语的地位不断下降，欧洲各民族对自己语言的兴趣逐步上升，这促使越来越多的学者对本民族语言进行调查和研究。奈布里哈（Nebrija）的《西班牙语语法》（1492）、埃尔德西的《匈牙利语法》（1539）、拉米伊的《法兰西语法》（1562）、西莫特利斯基的《斯拉夫语语法》（1648）、乌阿利斯的《英语语法》（1653）、齐扎尼的《斯洛文语语法》（1656）等相继出版，欧洲经验语法逐渐形成。

另一方面，面对欧洲各国经验语法兴起的同时，仍有不少学者沿袭拉丁语的研究。他们在研究本民族语言时，照搬拉丁语的规则，加上中世纪思辨语法（gramática especulativa medieval）从逻辑角度研究语法的思路，成为唯理语法产生的条件。1660年在法国出版的《普遍唯理语法》[Gramática general y razonada，又称《波尔·罗瓦雅尔语法》（Gramática de Port Royal）]标志着唯理语法学派的形成。

在很长一段时间里，经验语法与唯理语法在欧洲并行，前者在英国取得较快发展，后者在法国占据统治地位。但是纵观欧洲总体情况，唯理语法仍占据主要地位。二者的竞争其实是当时欧洲哲学界经验主义和理性主义斗争的一个侧面。

3) 历史比较语言学

19世纪初，西方语言学学者开始运用历史比较法研究语言，从而产生了统治整个世纪的历史比较语言学。1786年，欧洲第一个深入研究梵语的英国东方学家琼斯（William Jones）宣读了一篇论文，谈及希腊语、拉丁语及梵语有惊人的相似之处，并且明确提出了研究语言间亲属关系的任务。欧洲学术界对其论文充满了兴趣。在他之后，丹麦的拉斯克（Rask）和德国的葆朴（Bopp）、格林（Jacob Grimm，即《格林童话》作者之一）等学者确立了历史比较法的原则，进一步奠定了历史比较语言学的基础。在他们的努力下，语言学已成为一门独立的学科。19世纪中期，在历史比较语言学的基础上，从理论上研究人类各种语言普遍规律的普通语言学诞生了，其奠基人是德国的洪堡特（Humboldt）。

4）结构主义语言学

1916年，索绪尔的《普通语言学教程》（*Curso de lingüística general*）经由学生整理出版，该著作标志着结构主义语言学的诞生。索绪尔反对孤立地分析语言现象，主张进行系统的研究。他认为语言自有其体系，应把语言视为一个独立的系统，以科学方法加以整理分析，深入语言的内部，寻求内在的关联性。20世纪30年代起，基于他的理论基础进而发展出多个结构主义学派。

5）形式主义语言学

结构主义语言学统治语言学界几十年，直到20世纪50年代后期形式主义语言学的代表——转换生成语言学（lingüística generativa transformacional）的出现，才打破了它一枝独秀的局面。转换生成语言学是由美国语言学家乔姆斯基于20世纪50年代创立的，他于1957年出版《句法结构》（*Estructuras sintácticas*），标志着转换生成语言学的诞生，被称为针对结构主义的一次革命。

结构主义语言学与转换生成语言学的理论基础区别主要体现在：

从研究方法上看，结构主义采用归纳法，研究语言事实，目的是描写；转换生成语言学采用演绎法，并用形式化的方法分析语言结构规则，研究造成语言事实的原因，目的是解释。

从研究对象上看，结构主义区分了语言（lengua）和言语（habla），强调研究语言；转换生成语言学区分了语言能力和语言行为，强调研究人类的语言能力。

6）功能主义语言学

系统功能语言学（lingüística sistémico-funcional）是20世纪70年代后

期兴起的语言学功能主义思潮，由英国语言学家韩礼德创立。其特点是强调语言的社会功能，与以转换生成语言学为代表的形式主义语言学形成对立。

功能主义语言学与形式主义语言学的主要区别在于对语言的自足性的看法。形式主义语言学家认为语言是自足的，只需要从语言内部去寻找对语言现象的解释即可，不需要考虑语言的外部因素；而功能主义语言学家否认语言的自足性，他们认为语言的结构形式是由语言的社会功能决定的，主张通过联系社会文化和语言环境等外部因素来解释语言现象。

1.7.2　西班牙对语言学发展的贡献

1）托雷多翻译学派与思辨语法的产生

中世纪时期，西班牙对欧洲语言学发展最大的贡献在于将阿拉伯语的亚里士多德全集翻译为拉丁语，从而间接促进了思辨语法的产生。

在西罗马帝国灭亡前后的长期动乱中，许多希腊、罗马古典文献毁坏流失，其中一部分流传到阿拉伯帝国。阿拉伯学者们认真地研究这些文献，把柏拉图、亚里士多德、托勒密等大批希腊学者的作品译成阿拉伯文。711年，北非阿拉伯人入侵西班牙，开始了和西班牙天主教徒近8个世纪的战争与共存。1085年，西班牙卡斯蒂利亚王国的阿方索四世光复中部城市托雷多（Toledo）。时任托雷多主教的Jiménez de Rada认为欧洲天主教国家对这些作品有很大的需求，所以出资聘请人员翻译阿拉伯人保存在这里的文献。1252年阿方索十世继位后，更加重视托雷多的翻译事业，在他的支持下，托雷多成为欧洲翻译希腊文献的主要基地之一，史称"托雷多翻译学派"（Escuela de Traductores de Toledo）。阿方索十世（Alfonso X）与托雷多主教桑丘（Sancho de Castilla）共同出资资助翻译活动，聘请犹太教、伊斯兰教教徒翻译家以及精通希腊语的专家，将文献从希伯来语、阿拉伯语、希腊语翻译为卡斯蒂利亚语，之后又将部分文献翻译为拉丁语，其中包括对希腊哲学和亚里士多德的逻辑学著作的注释与注疏。这些译本流入欧洲其他国家，直接影响了欧洲的经院哲学。随着经院哲学在13世纪的鼎盛，西方语法学就此进入思辨语法阶段。所以，可以肯定地说，西班牙将经典译入拉丁语是思辨语法产生的一项必要条件。

另一方面，阿方索十世在位的32年间，除了从政策、财政上支持托雷多翻译学派的工作，还组织并亲自参加西班牙历史、文学、法律、历法、科技等领域24部著作的撰写。虽然中世纪时拉丁语是欧洲各国知识阶层的实用工具和国际交际语，但阿方索十世非常鼓励使用民族语——卡斯蒂利亚语，他主持完成的所有著作均以卡斯蒂利亚语书写。由于当时卡斯蒂利亚语尚处在初期阶段，还没有形成完整的语法体系，所以编写时遇到很多词汇、语法方面的问题。为了解决这些问题，阿方索十世带领编者共同学习当时意大利先进的词典学和法国先进的语法学，标注词条的阴、阳性和屈折变化，并注明词语来源。虽然24部作品中没有研究语言的专著，但是在《世界通史》（*Grande e general estoria*）、《西班牙史》（*Estoria de España*）以及所有文学作品的旁注、脚注上，留下了许多关于用语、词义等方面对于语言问题的思考及解释，这些注解成为西班牙中世纪语文学研究的有力佐证。

2）奈布里哈与拉丁语及西班牙语教学

文艺复兴时期，欧洲语言研究表现出两大特点：一方面，基督教在一些国家的势力衰落，从而导致后期拉丁语地位的下降，越来越多的学者更加关注民族语言的问题；另一方面，古典主义思潮在一些国家复兴，导致古希腊语和前期拉丁语等古典语言研究的热潮。需要说明的是，此时被摒弃的后期拉丁语是一种接近口语的拉丁语，而被推崇的前期拉丁语则是西塞罗、维吉尔时代的拉丁语。正是这个时代孕育了语言学家奈布里哈。

奈布里哈出生在西班牙南部塞维亚，19岁赴意大利学习早期拉丁语。

在意大利学习10年后，回到西班牙，致力于语法学和词典学研究。

在语法研究方面，他完成了两部著作。一部是用拉丁语写成的《拉丁语入门》（*Introductiones Latinae*，1481），这部著作为西班牙文艺复兴拉开了序幕。该著作在西班牙再版上百次，并长期被西班牙教会指定为拉丁语教材，直到1767年耶稣会被驱逐出境才取消。在欧洲其他国家，这部作品也得以广泛传播。另一部是用西班牙语写成的《卡斯蒂利亚语语法》（*Gramática de la lengua castellana*，1492），它是欧洲第一部印刷出版的研究拉丁语族语言的著作，早于欧洲其他国家对本国民族语言研究专著的出版。这部作品分五卷，分别是《书写规范》《音韵及音节》《语源及语音》《句法》及《对非卡斯蒂利亚语使用者的卡斯蒂利亚语语法教学》。该著作一方面启发了其他国家对本民族语言的研究，另一方面促进了西班牙语在欧洲及美洲的教学，为西班牙语在海外的广泛传播以及后世西班牙语的研究奠定了基础。但是，需要说明的是，奈布里哈认为拉丁语是最完美的语言，所以任何一门语言越接近拉丁语也就越完美。因此，他撰写《卡斯蒂利亚语语法》的主要目的是证明卡斯蒂利亚语与拉丁语的同一性。正是由于这个初衷，作者在分析卡斯蒂利亚语语法时完全套用拉丁语的语法特征，所以很多时候会显得牵强。

在词典学方面，奈布里哈完成了《拉丁语—西班牙语词典》（*Diccionario latino-español*，1492）和《西班牙语—拉丁语词汇》（*Vocabulario español-latino*，1495）两部词典。16世纪这两部词典在西班牙及意大利、德国、法国、荷兰等欧洲国家多次再版，很多国家在出版时进行了修订，将原著的西班牙语改为自己的民族语言。从这个角度看，奈布里哈影响了欧洲的词典学，被称为欧洲词典学之父。

3) 桑切斯与波尔·罗瓦雅尔学派

桑切斯（Sánchez de las Brozas）于1523年生于西班牙西部加塞雷斯，

11岁时随家人旅居葡萄牙，22岁回到西班牙，在萨拉曼卡大学学习艺术与神学。留校任教后，桑切斯有机会接触到奈布里哈的很多关于语法研究的珍贵手稿，开始对语言研究产生了浓厚的兴趣。他通晓多门语言，能用希腊语和拉丁语授课，能做希伯来语—卡斯蒂利亚语翻译，能用阿拉伯语和葡萄牙语写作。在意识形态上，他提倡用人文主义方法教授古典语言。他否定亚里士多德学说，反对经院哲学进行亚里士多德式的说教。他敢于挑战权威，认为只要不涉及对宗教虔诚的问题，都不应该完全相信老师的言论，而是经过原理论证后批判性地接受。

在桑切斯的语言学专著中，影响最为深远的是1587年出版的四卷本《拉丁语原理》（*Minerva seu de causis linguae latinae*）。该书主要研究的是形态学，但在句法方面也取得了重要的成就。基于熟练掌握多门语言以及对理性主义、哲理语法的推崇，他认为各语言在语音、形态层面存在差异，但在理论体系层面却是相通的，应该存在一种普遍的语法。这部作品虽用拉丁语书写，但并不是单纯的拉丁语语法，而是一部揭示任何语言都应该遵从的基本原理的语法理论著作。波尔·罗瓦雅尔学派在很大程度上受到桑切斯的影响，因为《普遍唯理语法》的作者之一朗斯洛（Lancelot）对《拉丁语原理》一书十分熟悉，波尔·罗瓦雅尔语法中最精彩的部分几乎都来源于这一著作。对于这一点，朗斯洛也在《新方法》（*Nouvelle méthode latine*，1653）中坦言，桑切斯这样系统地运用一种哲学理论来解释语法体系，对自己的语法观影响很大。

乔姆斯基非常青睐《普遍唯理语法》，将其视为17世纪以来以笛卡尔为代表的唯理主义哲学在法国语言学上催生的作品。他于1966年出版了《笛卡尔语言学》。在这部作品中，他试图阐释自己的语言学思想并非创新，而是受益于笛卡尔、洪堡特的影响。然而，笛卡尔语言学实则应为桑切斯语言学，因为波尔·罗瓦雅尔学派的语言学思想源泉应当是桑切斯。

4）皇家语言学院与世界西班牙语的标准化

1701年，法国波旁王室入主西班牙，西班牙就此进入启蒙时期。1713年，西班牙仿照法国，由宫廷出资，建立了西班牙皇家语言学院（Real Academia Española）[①]。皇家语言学院以"limpia, fija y da esplendor"（中文意思是"去杂芜，树规范，使荣耀"）为座右铭，定期出版词典、语法及书写规范方面的专著，保障西班牙语正确、规范、统一地使用。至此，西班牙语的研究工作已经上升到国家的高度，成为皇室关注的问题之一。皇家语言学院于1726—1739年间陆续出版了六卷本《西班牙语词典》，1741年出版《书写规范》，1771年出版《西班牙语语法》。到目前为止，语言学院共出版过23版词典、12部书写规范、36部语法。这些作品的出版促进了西班牙本土语言的规范化。在西班牙的影响下，以西班牙语为母语的国家从19世纪起纷纷建立国家级语言学院，研究语言的使用问题。1955年，在墨西哥总统科尔蒂内斯的提议下，22个国家及地区的语言学院联合成立西班牙语语言学院协会（Asociación de Academias de la Lengua Española），在促进西班牙语国际化、保证西班牙语多样性的前提下，共同探讨语言问题，协作编写语法、词典、书写法则等工具书。2009年，西班牙语语言学院协会第一次出版《新编西班牙语语法》，2012年出版《新编书写规范》，2011年出版《语音学及音系学》，2014年出版《新编西班牙语词典》，这些著作的出版为西班牙语的国际化开启了新的篇章。

 随堂练习

简要总结西班牙对世界语言学发展的贡献。

[①] 该机构根据字面意应译为"西班牙皇家学院"，但是由于目前西班牙还设有皇家历史学院（Real Academia de la Historia）、国立皇家医学院（Real Academia Nacional de Medicina）等机构，因此为了明确区分，本书中暂称其为西班牙皇家语言学院。

第二章　语音

La palabra es mitad de quien la pronuncia,
mitad de quien la escucha.

Michel E. de Montaigne

什么是语音学？什么是音系学？为什么要学习这两门学科？西班牙语语音有哪些特点？这些是我们在学习本章内容时需要解决的问题。

2.1 语音学

呼呼的风声、哗哗的雨声、叮咚的溪水声、嘀嘀嗒嗒的钟表声……这些都是我们在生活环境中能听到的各种各样的声音。其中人类交际时发出的声音，叫作语音（fono）。语音是一类特殊的声音，用来传递信息、表达思想感情。用来研究人类语音的这门学科，被称为语音学。

2.1.1 语音学的定义

西班牙语语言学自15世纪末诞生之日起，语法学家始终重视对西班牙语语音的研究。20世纪70年代以来，随着电子计算机、心理学、生理学的飞速发展，语音学也取得了长足进步。从那时起，语言学家试图从不同视角对语音学进行更完善的定义。

克利斯塔（Crystal）[1]主要对语音学的研究主体进行了阐述，他认为语音学是：

Ciencia que estudia las características de los sonidos humanos, especialmente aquellos sonidos que se utilizan en el habla y que proporcionan métodos para su descripción, clasificación y transcripción.

尤尔（Yule）[2]所下的定义比较宽泛，他认为语音学是：

El estudio general de las características de los sonidos del habla se llama fonética.

---

[1] Crystal, D. (1980). *Diccionario de lingüística y fonética*. Barcelona: Octaedro, p. 238.
[2] Yule, G. (1985). *El lenguaje*. Cambridge: Cambridge University Press, pp. 52-64.

曼特卡·阿隆索·科文特斯（Manteca Alonso-Cortés）[1]强调了语音学的研究对象及主要研究内容，他说：

La fonética se ocupa de la descripción acústica y fisiológica de los sonidos; no le interesa la función distintiva, sino los sonidos en el acto de habla.

而目前被语言学界广泛接受的是基利斯（Quilis）[2]的定义：

La fonética estudia los elementos fónicos de una lengua desde el punto de vista de su producción, de su constitución acústica y de su percepción.

综合以上这些定义，我们发现语音学的主要特征有：语音学是语言学的分支学科，研究人类话语的语音；语音学是一门交叉学科，可以从不同视角进行研究；相较于词汇学而言，语音学的研究注重的是语音表面的研究。

2.1.2　语音学的分支学科

通过第一章的学习，我们知道罗曼·雅各布森将人类的交际抽象为以下模型：

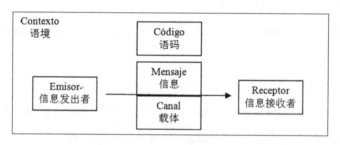

图2.1　雅各布森交际模型

从语音的角度看，人们用语言交流思想时要经过信息发出者的发音、信息的传递以及信息接收者的感知这三个阶段。由此可以把语音学概括为三个分支：从信息发出者的角度，研究发音语音学（fonética articulatoria）；从语

---

[1] Manteca Alonso-Cortés, A. (1987). *Lingüística general.* Madrid: Cátedra, pp. 67-103.
[2] Quilis, A. (1997). *Principios de fonología y fonética españolas.* Madrid: Arco/Libros, p. 9.

音信息的本身看,研究声学语音学(fonética acústica);从信息接收者的角度,研究感知语音学(fonética perceptiva)。

1)发音语音学

发音语音学是生理学、解剖学和语言学的交叉学科,主要研究人体的发音器官(aparato fonador)如何彼此协调发出语音。从生理构造的角度看,人的发音器官按照所处部位可分为三部分(见图2.2)。

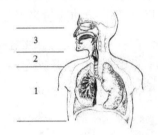

图2.2　人体发音器官

声门下腔(cavidades infraglóticas)(图2.2中部位1)主要包括肺和气管。肺是空气贮存器,为发音提供动力。它的运动由胸腔肌、腹肌、横膈膜、肋骨以及连接肋骨的肋间内肌和肋间外肌共同控制。吸气时,肋间外肌扩大,带动肋骨向外提起,胸腔因而扩大,肺扩张,横膈膜下降;呼气时,肋间内肌收缩,带动肋骨向内收拢,胸腔因而缩小,肺受到挤压,横膈膜上升(见图2.3)。另外,胸腔肌和腹肌对呼吸也有重要的调控作用。

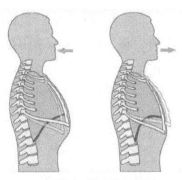

图2.3　呼吸时横膈膜运动特征

声门区（zona glótica）（图2.2中部位2）是语音的发音器官，主要包括喉头内的声带、构成喉头的几块软骨（如甲状软骨、环状软骨、会厌软骨、勺状软骨）以及连接它们的肌肉。

声带（cuerdas vocales）是两片很小的薄膜，薄膜之间为声门（glotis）。声带的核心是韧带，韧带内侧是可以收缩的肌肉，包围在最外面的是具有高弹性的黏膜。当来自肺部的气流通过时，柔软可弯曲的黏膜外层会像旗子一样随风飘动，利用交换气流的振动能量来产生声波（见图2.4）。

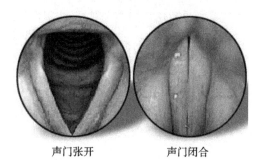

声门张开　　　　声门闭合

图2.4　声门的张开与闭合

声门上腔（cavidades supraglóticas）（图2.2中部位3）主要包括口腔、鼻腔和咽腔，是发声的"共鸣器"，能够增加基频（frecuencia fundamental）的振动强度。人类的声带并不大，两片声带的面积，加起来也只有大拇指指甲的大小。如果仅靠气流带动发声，声音是非常小的。那么，人类如何将这样小的声音放大调配成能够负载意义的声音，甚至婉转动听的乐音呢？这就要靠口、鼻、咽三腔（见图2.5）及其内部其他器官（如唇、齿、腭）相互协作了。

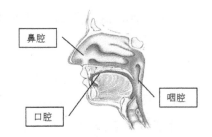

图2.5　鼻腔、口腔、咽腔

在气流经过声门后，首先到达的是咽腔。咽腔位于喉头之上，声带和小舌之间，是口腔、鼻腔和食道的汇合处。咽腔和喉头之间是会厌软骨，它是弹力软骨，可活动，平时耸立开放喉腔。吞咽时上提，会厌向后下反转关闭喉入口，防止食物误入喉腔。

从咽腔往上，有两条通道：一条通向鼻腔，一条通向口腔。口腔可以分为上、下两层：上层从内到外分别有小舌、软腭、硬腭（包括前腭、中腭和后腭）、齿龈、上齿、上唇。下层从内到外分别是舌（分为舌尖、舌页、舌面、舌背）、下齿和下唇。口腔中，舌是最灵活也最重要的发音辅助器官，西班牙语中的舌尖颤音（vibrante múltiple）是中国人学习西班牙语遇到的一大难点。

鼻腔位于口腔的上方，前部和中间由上腭隔开，后部则由软腭与小舌控制气流能否经过咽腔到鼻腔。当软腭和小舌伸直抵住咽壁时，鼻腔通道阻塞，气流完全从口腔呼出，所发出的音叫口音（oral）。若口腔通道阻塞，气流从鼻腔呼出，所发出的音叫鼻音（nasal）。若口腔和鼻腔都没有阻塞，气流同时经过两个腔体，发出的音就叫口鼻音（orinasal）。咽腔的后壁叫喉壁，通过喉壁与软腭阻塞发出的音，叫喉音（gutural）。

发音语音学是语音学三大分支学科中研究历史最悠久的学科，该领域的研究成果被应用于早期的仪器分析领域，例如，监测说话时舌与硬腭接触的学科（palatógrafo）、计算经过鼻腔与口腔气流量的学科

（electroaerómetro）、分析说话时口腔肌肉运动产生的肌电信号的学科（electromiografía）。

2）声学语音学

声学语音学又称物理语音学（fonética física），是一门基于仪器分析技术的学科，主要研究语音在传递阶段的声学特征，属于物理与语音学的交叉学科。从事该领域研究的人员需要掌握足够的数学、物理知识。

声音传播的原理是，当物体受到外力振动时，会带动周围的空气分子做简谐运动，从而形成一种纵波，即声波（onda sonora），传递能量。语音的物理特性是声带振动或声腔里空气扰动引起的，它和其他语音一样，也有音高（sonoridad）、音强（intensidad）、音长（longitud）和音质（timbre）四个要素。

音高指声音的高低，它取决于发音体振动的频率（frecuencia），而语音的高低则取决于声带振动的频率。频率是物体每秒振动的次数，常用单位为赫兹（Hz）。人耳能听到的声音频率范围大概在20赫兹到20000赫兹，但辨别最清晰的是2500赫兹到5000赫兹区域的声音。

课外阅读
语音学究竟有什么作用？请阅读以下文献。 Título: "Para qué sirve la fonética" Disponible en: <http://onomazein.letras.uc.cl/Articulos/15/2_Fernandez.pdf>

音强指声音的强弱，它取决于发声体振幅（amplitud）的大小，常用单位为分贝（dB）。语音的音强取决于说话时呼出的气流对声带等压力的大小。人耳能接受的音强范围为10分贝到110分贝，当音强达到120分贝时，人耳会有明显的疼痛感。

音长指发音时间的长短。英语中，不同的音长可以区别不同的意义，但西班牙语中则不存在这个区别。能被人耳察觉的声音音长一般不短于0.2秒。

音质指声音的个性或品质，它取决于声波的形式。我们听到的声音大都是由若干条正弦波叠加形成的。在这些正弦波中，频率最小的那条叫作基音（fono fundamental），它的频率称为基频（frecuencia fundamental），其余的正弦波叫作陪音。当基频与陪音的频率之间存在着整数倍的关系时，就会形成有周期性重复的波，这种波型被称为乐音（tono）。反之，基频与陪音的频率若不存在整数倍关系，则呈现出杂乱无章没有周期的波，这种波型被称为噪音（ruido）。

西班牙语中语音的重音（acentuación）是由长度、频率、声调、强度等四个因素共同控制的。重读的音节一般音长更长、频率更高、声调上升、强度更大。当然根据说话人自身的习惯以及方言区域的影响，在实际交际中说话人有可能不全保持四个因素。也正是出于这个原因，很多时候我们在听母语人说话时，会感到他们说出的一些单词重音"不对"。这并非不对，只是因为强调的信息点、使用习惯等造成的一种语言使用现象罢了。

不同音质的产生主要有以下三个方面的原因。

第一，发音体不同，即不同人发音或者同一人发音时声带振动与不振动都会产生不同的音质，如西班牙语中的col和gol。

第二，发音方法不同，即发音时用爆破、摩擦的方法，或者其他能够产生不同音质的方法，如单词yo，西班牙人与美洲人对y的发音方法不同。

第三，共振腔的形状不同，即口腔的开闭、舌位的高低与前后等，如字母s，西班牙人靠气流经过舌面中部发音，而墨西哥人靠舌尖发音。

音高、音强、音长、音质合称为声音的四要素，也是语音研究的四项基本内容。在后面的课程中，我们将简要介绍如何利用语音软件对音频进行这四方面的分析。

3）感知语音学

感知语音学又叫生理语音学（fonética fisiológica）或听觉语音学（fonética auditiva），属于语音学、心理学和生理学的交叉学科。它以语音在感知阶段的生理和心理特征为分析对象，研究的内容主要包括语音的获取（声音如何传到耳朵、声波如何在耳内变为神经脉冲传到大脑）和语音的识别（大脑如何解释声音、如何重组信息）两部分。

人的听觉器官由外耳、中耳和内耳组成。外耳的可见部分叫耳廓，主管收集和放大声波。声波沿耳道传到鼓膜，使鼓膜振动。鼓膜内是中耳，主要负责保护内耳以及调节声波。内耳也叫耳蜗，用于把外界传入的声波转化为神经冲动，通过神经元细胞，最终传到大脑皮层内能够理解语义的听觉神经中枢。

感知语音学是语音学的前沿分支学科，它的产生和人工智能研究的发展紧密相关。我们现在使用的很多电子产品，如智能手机、平板电脑、车载系统，就利用了这一领域的研究成果，开发了语音识别（reconocimiento automático del habla，RAH）及语音同步（sincronización del habla）等功能。

语音学的这三个分支紧密相连，均为人类的正常交际而服务。正如雅各布森（Jakobson）和哈雷（Halle）[1]所说：

We speak to be heard and need to be heard in order to be understood.

---

[1] Jakobson, R.; Halle, M. (1956). *Fundamentals of Language*. Netherlands: Mouton & Co., Printers.

2.2 音系学

音系学（fonología）和语音学同为语言学的分支，主要研究特定语言里的语音系统，即语音之间的关系。尽管字母书写的创造需要对音系学有直觉领悟，但音系学仅仅在19世纪晚期，才开始与语音学区分开。这一区分直到21世纪才稳固地建立起来。尤其是布拉格学派的研究工作，使音系学这个术语得以推广。语音学研究的是语音的自然属性，对人类所有语言的语音共性进行研究；而音系学研究的则是语音的社会属性，针对某一具体语言进行研究。

课外阅读
音系学对儿童阅读及写作能力的发展有着重要的作用。关于如何利用音系学练习奠定阅读及写作技能，请阅读以下文献。 Título: "Papel de la fonología en la preparación de los niños para la lectura y la escritura" Disponible en: <http://www.programaletra.ull.es/moodledata/download_sentinel_files/files/pdf/CF_T11.pdf>

这里我们需要掌握两个概念：音位（fonema）和同位音（alófono）。之前讲过的音素是针对人类语音共性而言的，是人类所能发出的语音的最小单位，是一个具体的概念，一般用[ ]标记；而音位是一个抽象概念，用于描述一门语言中的语音，是能够区别意义的最小单位，一般写在/ /中。同位音是同一个音位的不同变体，是一个音位的具体表现形式。一个音位可以表现成一个同音位（如西班牙语中字母f对应的音位/f/只有一个同位音[f]），也可以表现成多个同音位（如字母b的音位/b/表现出[b]和[β]两个同

位音）。alófono一词来源于希腊语，词首alo-意为otro（如alopatía），词尾-fono指sonido（如homófono）。如果把音位比作"水果"这个词，那么同位音可以是苹果、葡萄、桃子等。水果是一个抽象概念，苹果、葡萄、桃子等是它的具体表现形式。

　　那么，如果音素已经能具体标记出语音了（如国际音标表里所列举的），那么音位存在的价值是什么呢？我们看这样一个例子：对于西班牙语单词ciudad，很多西班牙人会发出词尾-d的音，但是加泰罗尼亚人由于受当地语言的影响，一般会把-d读作-t，还有很多西班牙语国家的人直接省略词尾-d的音。对于一个完全不懂西班牙语的人而言，从语音的角度讲，他可能认为听到的是三个不同的单词，但其实只是同一个音位的三种不同变体，即三个同位音罢了。再如字母b，对应的音位只有/b/，但是同位音有[b]和[β]：

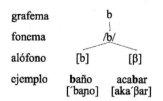

　　在描写语音时，语音学和音系学有着不同的形式。语音学描写的是具体的语音特征，可反映出各语音的变体形式；音系学描写的是音系，是一种抽象的表现形式，反应的是语音的系统性及具有区分特征的组成部分。例如：

表2.1　语音学与音系学描写方式比较

词	语音学描写方式	音系学描写方式
lagos	[´laɣos]	/´lago/+/s/
manteles	[mãn´teles]	/man´tel/+/s/
tesis	[´tesis]	/´tesis/+/s/

从以上三个例子可以看出，两种方式在表达时区别是很大的。语音学描写方式（representación fonética，又称"严式"）的任务是客观地反映出真实语音情况，音系学描写方式（representación fonológica，又称"宽式"）重在抽象描写音系间的关系。以描写复数形式为例，音系学描写方式需要标出复数词素/s/，即：

/ˈlago/+/s/→[ˈlaɣos]

音系学描写方式的规则可以借助语义区别性价值（rasgos distintivos）的音来书写公式，接下来，我们介绍一个较为简单的公式。

A→B / C_D

在这个公式中，A变为B的语境条件是A处于C和D之间。例如，西班牙语中的浊塞音位于元音之间时会变为近音，即：

/b/→[β] / Vocal _ Vocal

/d/→[ð] / Vocal _ Vocal

/g/→[ɣ] / Vocal _ Vocal

A和B具有的特征是：

/b d g/: [+obstruyente] [+sonoro] [–continuo] [–estridente]

[β ð ɣ]: [+obstruyente] [+sonoro] [+continuo] [–estridente]

因此可以总结出西班牙语中下列这条音系规则：

$$\begin{bmatrix} +\text{obstruyente} \\ +\text{sonoro} \\ -\text{continuo} \\ -\text{estridente} \end{bmatrix} \longrightarrow \begin{bmatrix} +\text{obstruyente} \\ +\text{sonoro} \\ +\text{continuo} \\ -\text{estridente} \end{bmatrix} / V\_V$$

2.3　西班牙语中的元音与辅音

2.3.1　元音

元音（vocal）是指在发音过程中，气流通过口腔时不受阻碍发出的音。也就是说，发元音时，气流从肺部通过声门冲击声带，使声带发出均匀的振动，然后振音气流不受阻碍地通过咽腔、口腔、鼻腔，经过舌、唇的调节而发出不同的声音。西班牙语的vocal一词来源于拉丁语的vocalis，带有词根vox，意为"由口发出的音"，因而派生出很多单词，如voz, vocear, convocar, evocar等。

很多巴斯克语（euskera）语言学家认为，西班牙语中这五个清晰、均衡的元音来自巴斯克语。之所以说均衡，是因为其他很多语言利用长元音（vocal larga）与短元音（vocal corta）区分意义。以拉丁语为例，虽然70%的西班牙语单词来自拉丁语，但是拉丁语长、短元音这一特征并未在西班牙语中体现。拉丁语中，在字母上标记"‑"表示长元音，标记"˘"表示短元音，例如mălum（malo）和mālum（manzana），含义截然不同。

在西班牙语的五个音位中，/a/是最基础的元音，因为在发这个音的过程中，只需要打开口腔，将舌保持平缓，让气流均匀送出即可，这一特征是其他需要舌与唇参与的音所不具备的。因此，西班牙语中儿童所使用的表示亲昵的词语（hipocorístico）里，经常仅仅含有这一音素，如mamá, papá, nana, tata, yaya等。

元音可以按照发音时舌、唇的活动特征进行以下分类：

1）根据舌位的前后

如果舌尖移向口腔前部，可以发出前元音/i/, /e/等；如果舌面缩向口腔后部，可以发出后元音/u/, /o/等；舌面居中保持平缓，发/a/的音。

2）根据舌面的高低

下颚的升降可以使舌面有高低之分，西班牙语的元音分为高元音（vocal alta, 如/i/）、半高元音（vocal medio-alta, 如/e/）及低元音（vocal baja, 如/a/）。

3）根据双唇的开合

按照双唇发音时的开合程度，元音分为合元音（vocal cerrada，如/u/）、半开元音（vocal medio-abierta，如/o/）及开元音（vocal abierta，如/a/）。

因此，西班牙语的音位及包含的音素的特征可以用下表表示。

表2.2　西班牙语元音音位表

	前 anterior	中 central	后 posterior
合/高 cerrada/alta	/i/		/u/
半合/半高 medio-cerrada/medio-alta		/e/	
半开/半低 medio-abierta/medio-baja			/o/
开/低 abierta/baja		/a/	

上表的音位及音素的发音位置可用下图所示。

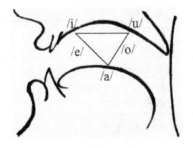

图2.6　西班牙语元音

从上图可以看出，如果将它们发音的位置依次相连，可以得到一个三角形，这在语音学上被称为语音三角（triángulo articulatorio）或元音三角（triángulo vocálico）。

根据巴塞罗那自治大学文哲系研究团队的实验结果，西班牙语元音的具体表现形式可以归纳为下表：

表2.3 西班牙语元音音位及同位音对照表

Grafema 字母	Fonema 音位	Alófono 同位音	Contexto 语境	Ejemplos 举例
a	/a/	[ạ]	1. 硬腭辅音之前 2. 双元音/ai/	1. macho 2. laico
		[a̱]	1. /o/之前 2. /x/之前 3. 以l结尾的音节中	1. maorí 2. ajo 3. tal
		[ã]	1. 位于鼻音之前的首音节 2. 鼻音之间	1. antes 2. consonante
		[a]	其他语境中	paso
e	/e/	[e]	1. /r/之前 2. /x/之前 3. 双元音/ei/ 4. 由非/m, n, s, d, z/结尾的音节	1. ferroviaria 2. almeja 3. ley 4. cero
		[ẽ]	1. 位于鼻音之前的首音节 2. 鼻音之间	1. ende 2. nene
		[e]	其他语境中	peso
i/y	/i/	[ĩ]	1. 位于鼻音之前的首音节 2. 鼻音之间	1. intervenir 2. niño
		[i̯]	1. 位于递升双元音 2. 位于递降双元音	1. hierba; hiato 2. ley; queráis
		[i]	其他语境中	misa
o	/o/	[õ]	1. 位于鼻音之前的首音节 2. 鼻音之间	1. hondo 2. montón
		[o̱]	1. 位于/x/前 2. 位于双元音/oi/	1. ojo 2. soy
		[o]	其他语境中	loto
u	/u/	[ũ]	1. 位于鼻音之前的首音节 2. 鼻音之间	1. uña 2. mundo
		[u̯]	1. 位于递升双元音 2. 位于递降双元音	1. cuanto 2. caucho
		[u]	其他语境中	puse

2.3.2 辅音

辅音是指在发音时，气流在一定部位受到阻碍的音。西班牙语中，字母与音位基本一一对应，但音位与音素存在一对多的情况。音位的取得需要通过实验的方法，以下是西班牙语字母及音素对应的音位。

表2.4 西班牙语辅音字母发音

Grafema 字母	Fonos 音素	Posición 位置	Ejemplos 举例
b/v	[b]	1. 停顿后的音节首字母 2. 鼻音之后	1. vaso 2. cumbre
	[β]	其他位置	cava; árbol; abstener
c/q+a/o/u qu + e/i k	[k]	任何位置	casa; Qatar quiso koala
c+e/i z	[θ]	任何位置	cena pez
ch	[t͡ʃ]	任何位置	mucho
d	[d]	1. 停顿后的音节首字母 2. 鼻音或l之后	1. día 2. andar; aldea
	[ð]	其他位置	cada; posdata; ataúd
f	[f]	任何位置	faena
g+a/o/u gu+e/i	[g]	1. 停顿后的音节首字母 2. 鼻音之后	1. gallo 2. hangar
	[ɣ]	其他位置	haga; salga
g+e/i j	[x]	任何位置	fingir jamón
h	/	任何位置	字母h一般不发音，除非用于外来词（如hachís, hámster, hawaiano等）或某些美洲西班牙语国家及地区，发[x]。
l	[l]	任何位置	luna; mal
ll	[ʎ]	任何位置	paella; llanura

（续表）

Grafema 字母	Fonos 音素	Posición 位置	Ejemplos 举例
m	[m]	任何位置	mapa（m位于词尾时，口语中常被读作[n]的音，如pum [pun]。）
n	[n]	任何位置	neto; son
ñ	[ɲ]	任何位置	niño
p	[p]	任何位置	pipa
r	[ɾ]	1. 非单词词首的音节首字母 2. 音节尾字母	1. para 2. soler
r	[r]	1. 单词词首 2. 音节尾字母（强调语气） 3. r双写	1. ropa 2. meter 3. irreal
s	[z]	鼻音之前	asma; mismo
s	[s]	其他位置	sal; las
t	[t]	任何位置	lata（外来词以字母t结尾，发音可处理为送气音[tʰ]，如robot。）
w	[b]	任何位置	当单词来自德语时，发音与b/v相同，如wolframio，wagneriano。
w	[gu]	任何位置	当单词来自英语（w-或wh-）及亚洲语言时，发音近似弱化的gu（此时gu不是字母组合，u发音），如waterpolo，wasabi。
x	[ks]	词尾或元音之间时	ex; taxi
x	[s]	位于词首	xenofobia
x	[x]	美洲部分国家专有名词	México; Texas
y	[j]	位于词首	yeso
y	[i]	其他位置	rey

*音位/j/的两个音素[ʝ]与[d͡ʒ]的区别主要由地域问题造成，归根结底是半岛西班牙语和美洲西班牙语的差异。

辅音可以按照调音部位、调音方式及语音种类进行分类研究。

1）按照调音部位分类

全世界有4000到6000种语言，虽然不同的语言听起来差异巨大，但是从生理上看，人类的发音器官是相同的。人类所能发出的基础的音是有限的，但是可以通过这些有限的音，组合成无限的词汇。这就好比英语中只有26个字母，但是可以组合成千变万化的单词。

当我们在说"发音器官"的时候，其实包括"发出声音"的器官和"调节声音"的器官。前者主要包括肺、气管和喉（参照本章2.1.2）。发声时，肺部受到挤压，将气流通过气管送到喉。气流在喉部振动声带，发出声音。调节声音的器官主要包括口腔、咽腔和鼻腔。气流在穿过喉以后，到达这三个腔体，这三个腔体对声音进行调节。

在口腔、咽腔和鼻腔这三个腔体中，口腔中能够调节声音的部位是最丰富的。具体说来，上半部分按照位置前后分为上唇、上齿、齿龈、龈后、卷舌、龈腭、硬腭、软腭、小舌，下半部分分为下唇、下齿、舌尖、舌叶、舌面、舌背。西班牙语会用到的调音部位（puntos de articulación）包括双唇（bilabial）、唇齿（labiodental）、齿间（interdental）、齿（dental）、龈（alveolar）、龈后（postalveolar）、硬腭（palatal）、软腭（velar）。

课外阅读

中国学生在学习西班牙语的语音时会遇到哪些问题？西班牙学生在学习汉语的语音时又会遇到什么问题？请阅读下面两篇论文。

Título: "La pronunciación del chino para hispanohablantes"

Disponible en:

> <https://www.raco.cat/index.php/asiademica/article/download/286851/375071>
>
> Título: "Enseñanza de la pronunciación del español en estudiantes chinos: la importancia de las destrezas y los contenidos prosódicos"
>
> Disponible en:
>
> <https://cvc.cervantes.es/ensenanza/biblioteca_ele/asele/pdf/18/18_0497.pdf>

2）按照调音方式分类

所谓调音方式（modos de articulación），指的是发音时，调音器官构成阻碍气流的方式，以及气流克服这种阻碍的方式。西班牙语中，会用到8种发音方式。

塞音（oclusiva）：在发声过程中，塞音是所有辅音中发声器官形成阻塞最大的发音方式，发音器官紧密贴合在一起，在一段时间内形成完全闭合的腔体。例如，汉语拼音中的声母b和p，d和t，g和k都是塞音，只不过构成阻塞的位置不同：b和p是双唇形成阻碍，d和t是舌尖与齿龈形成阻碍，g和k是舌背与软腭形成阻碍。

擦音（fricativa）：在发声过程中，发音器官挨得很近，在一段时间内形成狭窄但不完全闭合的腔体。狭窄的腔体造成气流的压缩，所以会形成摩擦的声音。例如，汉语拼音中的f，s，sh，x，h都是擦音。f是通过上齿和下唇贴近，形成一个狭小的腔体，气流经过时摩擦发出的音。s是舌尖与齿龈贴近，形成一个狭小的腔体，气流经过时摩擦发出的音。

塞擦音（africada）：塞擦音是在发声过程中，先发塞音，再转换到擦音的一种音。在发音过程的前一半，发音器官紧紧贴合，形成完全闭合的腔体；在发音过程的后半部，发音器官打开，形成狭窄的缝隙。例如，汉语拼音中的z和c，j和q，zh和ch都属于塞擦音。以z为例，在发z音时，先由舌尖抵住齿龈构成阻碍，形成封闭的腔体。气流冲破阻碍后，舌尖和齿龈相互靠近，但不接触，留下细缝，气流从这个细缝摩擦而过。

鼻音（nasal）：在发声过程中，气流经过放松状态的声带时，震动声带。被震动后的气流继续上行，由于口腔中有阻碍，所以气流在鼻腔形成共鸣。所有的鼻音都是浊音。汉语拼音中的m，n，ng都是鼻音，这三个音的区别是发音位置不同。m是双唇形成阻塞发出的鼻音，n是舌尖和齿龈形成阻塞发出的鼻音，而ng是舌背和软腭形成阻塞发出的鼻音。封闭的腔体大小不同，听到的声音当然不同。这就好比三个相同的瓶子里，装进不同体积的水，敲击瓶子，听到的声音也不一样。

近音（aproximante）：所谓近音，顾名思义，是发音器官靠得非常近而发出的音。近音是所有辅音中发声器官形成阻塞最小的发音方式，发音器官保持非常近的距离，但是不接触。西班牙语中有多个近音，但是汉语普通话中是否存在近音，还是一个有争议的话题。有学者认为声母r是近音。近音是中国学生学习西班牙语时遇到的难点之一。

边音（lateral）：边音在发音过程中，舌尖和齿龈部位形成阻塞，迫使气流从舌的两边通行。汉语拼音中的l就是边音，西班牙语中也有对应的音。

颤音（vibrante múltiple）：发音时，发音器官颤动多次发出的音。

闪音（vibrante simple）：发音时，发音器官只颤动一次发出的音。

以上8种发音方式中，除了颤音、闪音和近音，其他发音方式在汉语普通话中广泛存在。接下来我们详细讲解颤音和闪音，这两个发音方式是中国学生在学习西班牙语语音时遇到的最大难点。在正式学习发音之前，我们先简单介绍一下关于颤音的一些问题。希望大家不要对这个音产生畏惧，不要认为自己肯定发不好或者发不出，也不要认为目前发不出这个音是因为有生理缺陷。

我们首先需要知道，通过气流的冲击带动某个器官振动发声原本是人类语言中一种非常常见的现象。在人体的发声器官中，有3个部位的颤动会在语言中使用：一是双唇（刚果的芒贝图语使用双唇颤音），二是舌尖（西班牙语、俄语、阿拉伯语中使用舌尖颤音），三是小舌（法语、德语中使用小舌颤音）。在这3个部位中，舌尖颤动是颤音中使用最广泛的，除了刚才提到的几种世界主要语言之外，还有波兰语、意大利语、瑞典语、挪威语、冰岛语、芬兰语、马来语、蒙语、土耳其语、泰语等也都有颤音。中国的少数民族语言，比如满语、鄂伦春语、锡伯语、维吾尔语，以及一些汉语方言区，比如湖北襄阳、荆门、荆州等地的官话方言中，也都有这个音。其次，之所以很多中国学生发这个音有困难，是因为我们使用的汉语普通话以及自己所使用的方言中没有这个音。当我们接触一个全新的音时，必然会觉得困难，但是这个问题通过大量的训练是可以解决的。西班牙语国家的孩子也并非天生就能发出这个音，一般的孩子1岁半到2岁开始学说话，到5—6岁时基本能发出这个音，但也并不标准，还需要多年的练习与矫正。中国学生在学习这个音时，未必需要母语孩子那么长的时间，因为大家基本都已成年，可以从发音原理的角度理性地学习。但是同时我们也需要明白，从舌尖能够颤动起来，到能把舌尖颤音自然、顺畅地融入朗读与对话交际中，仍需要大量的训练。

另外一个常见的错误是，很多人把这个音叫作"大舌音"，这是不对的。专业术语中有"小舌音"的概念，指的是用小舌调节发出的音，但是我们没有"大舌"或"大舌头"，俗语中如果说某人"大舌头"是指说话含混不清，所以不能叫"大舌音"。生理学上专业的术语叫"舌"，并且根据说话时使用的区域，将舌分为舌尖、舌叶、舌面、舌背等区域。西班牙语中的r是通过舌尖振动调节出的音，所以应该叫作"舌尖颤音"。

接下来，我们详细讲解如何让舌尖颤动起来。首先我们需要明白，在发r音时，舌尖的颤动是通过持续的气流压力带动的，而不是舌尖通过内部韧带在自主地抖动。既然是受气流影响而产生的颤动，那么口腔中先要形成一个相对封闭的"管道"，通过这个管道将气流送到舌尖。同样，舌尖如果像平常一样保持水平状态，气流是无法冲击到的，所以发音时舌尖需要抬起，从而让气流与舌尖有更大的接触面。另外，发音时舌尖既要紧张又要松弛，这个度比较难把握。一方面，如果舌尖完全松弛，舌会处于水平状态，无法颤动；另一方面，如果舌尖过度紧张，会非常僵硬，气流也无法带动其颤动。保持一个适中的松紧状态，才能保证气流先将舌尖"吹出去"，舌尖再通过内部紧张的肌肉被"拉回来"，如此往复，就形成了颤音。由此看来，舌尖的"松弛有度"其实才是发音的要点，这是需要我们反复实践练习来体会的。明白道理之后，接下来进行正式的训练。

首先需要进行"热身"练习，让舌头活跃起来。这个环节可以做两个动作，一是伸出舌头，寻找用舌尖碰触鼻尖的感觉，重复多次；二是想象嘴的一圈沾满了蜂蜜，重复用舌尖顺时针、逆时针舔嘴的四周。

完成2分钟的"热身"运动后，接下来按照以下步骤训练。

（1）轻微抬起舌尖，使舌尖保持在齿龈下方的位置。这个时候，舌尖不需要碰触到齿龈，只需保持在这个位置即可。

（2）舌的两侧自然与口腔上颚的两侧贴合。这样一来，原本开阔的口腔被分隔出一个由舌的两侧和上齿龈、硬腭构成的"管道"。这个管道的一端是喉及气管——气流的来源，另一端是抬起的舌尖。

（3）调节舌的紧张程度，持续有力地送气。如果舌的紧张度适当，这时就能颤动起来。最后，还可以让声带振动起来。

3）按照语音种类分类

在了解了发音方式之后，我们再来看语音种类（tipos de articulación）。语音种类是影响辅音的第三个变量。根据声带是否振动，分为浊辅音（consonante sonora）和清辅音（consonante sorda）；根据发声时是否送气，分为送气音（consonante aspirada）和不送气音（consonante no aspirada）。每组概念中的两个现象是互为对立的。例如，汉语拼音中的声母sh和r所代表的的辅音就是一对清浊对立的音。sh和r的发音位置相同，都是卷舌；发音方式相同，都是擦音；二者唯一的区别是，sh是清辅音，r是浊辅音。再例如，汉语拼音声母b和p的区别是不送气和送气。b和p的发音位置相同，都是双唇；发音方式相同，都是塞音。二者都是清辅音，发声时声带不震动。它们唯一区别是，b是不送气音，p是送气音。大家在理解了现代汉语普通话中清浊辅音、送气与不送气对立的现象后，想一想，英语中字母b与p属于什么情况？英语中，b是不送气的浊辅音，p在一般情况下是送气的清辅音，但当它位于s之后时，例如在单词spy中，就是不送气的清辅音。这样看来，汉语拼音中的声母b和p，g和k，d和t的发音位置相同、发音方式相同，都是清辅音，区别在于送气与不送气。英语中b和p，g和c或者k，d和t的发音位置相同、发音方式相同，但是发音种类不同。

中国学生在学习西班牙语之初，常常无法分清/p/与/b/，/k/与/g/，/t/与/d/这三对可以构成最小对立体（pares mínimos）的音素。所谓最小对立体，指的是音标中只有一个音素不同，其他音素完全相同的两个单词，如casa与caso，peso与beso，col与gol，te与de。要区别后三组音素，我们需要明白：所谓的"发生时声带振动"，声带到底是什么时刻振动的。例如，[b]与[p]都是塞音，即发音时，气流冲破阻碍，发音器官被"爆破"的瞬间,气流放出,发音结束。如果发音是瞬间结束的,那么声带振动是否也是瞬间振动?其实,在发这几个塞浊辅音的时候,声带是在口腔器官除阻之前就已经振动的。例如,我们对比col与gol的声谱图:

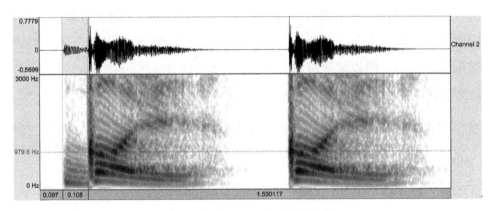

图2.7 西班牙语单词gol与col声谱图对比

左图中0.108秒的灰色标记部分反映的是声带振动,这0.108秒的时长在语音学上称为发声起始时间(voice onset time,缩写为VOT)。发声起始时间反应的是时长,以塞音的除阻时间为起点,以浊声发出的时间为结束。我们可以建立这样一个模型(见图2.8):以0标记塞音除阻的时刻,波浪线表示浊声。如果是不送气清辅音,那么浊声发生在除阻的同时或略微靠后,VOT值几乎为0;如果是送气清辅音,那么浊声发生在除阻之后,VOT为正值;如果是不送气浊辅音,那么浊声发生在除阻之前,VOT为负值。

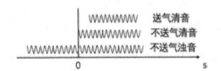

图2.8 送气清音、不送气清音与不送气浊音VOT对比

在不同语言中，清音与浊音、送气与不送气的VOT值均不同。例如北京方言中不送气清音[p]的VOT值平均为0.013秒，而法语中小于0.01秒。西班牙语不送气浊音的VOT值平均-0.1秒，短于英语。从这里也可以总结出为什么很多中国学生最初听不出gol与col的区别，因为我们使用的汉语普通话或者某些方言中不存在不送气塞音[g]，我们暂时没有发展出听0.1秒声带振动的能力。所以解决清浊音不分这一问题的首要任务，是通过多听清浊音构成的最小对立体，养成听到这一短促振动的能力。

课外阅读

更多关于西班牙语清浊塞音的VOT问题，请阅读下文。
Título: "El V.O.T. de las oclusivas sordas y sonoras españolas"
Disponible en:
<http://stel.ub.edu/labfon/sites/default/files/EFE-II-MLCasta%C2%A7eda-VOT_oclusivas.pdf>

另一个比较复杂的问题是如何发出西班牙语的浊辅音，特别是塞浊辅音。以beso一词为例，先发出清辅音peso。按照上面的讲解，声带振动是在除阻前完成的，所以只要在peso之前加上声带振动即可。这一步我们需要借助鼻音[m]完成。首先，捏住鼻子反复发[m]，此时所发的音其实已经不是严格意义上的鼻音，因为鼻子被捏住了，没有气流从鼻孔流出。此时我们感受到的这个音实际就是塞浊辅音b在除阻之前的声带振动，一般每次振动能持续0.1—0.2秒。在完成这个动作后，迅速双唇除阻，发出清辅音peso，得到的就是beso。最开始常遇到两个问题：一是VOT时长控制不好，二是振动与清辅音的衔接不流畅，这个问题通过大量实践是可以攻破的。

在学习一门外语的语音时，除了"亦步亦趋"地模仿母语人的发音，我们还需要完成两项训练任务，以便理性、客观地掌握外语的语音。第一项训练是描述每一个音的发音过程，这样能够帮助我们纠正语音。以汉语拼音的声母b为例。这个音对应的辅音的发音过程是：气流从肺部发出，通过气管传递到喉部的声带时，由于声带处于拉紧状态无法被振动，所以是清辅音。气流继续上行，处于拉紧状态的小舌阻碍气流进入鼻腔，所以气流进入口腔；在口腔内，到达闭合的双唇，气流在双唇聚集。当气压升高到一定程度时，双唇迅速地打开，使得从肺部呼出的气流和口腔外部的空气相遇发出轻微的爆破声，这个声音就是声母b所代表的清辅音。这个清辅音和a结合，就构成了ba；和u结合，就构成了bu。按照同样的道理，大家在学习西班牙语语音时，对于每一个音，也需要能够详细地描述发音过程。

我们需要做的第二项训练是，主动构建这样一个三维坐标：在横轴上标记调音位置，在纵轴上标记调音方式，在第三维坐标轴上标记语音种类。我们要能把母语的辅音和外语的辅音同时写到这个坐标体系中，从而更加直观地对比两种语言辅音的异同。这项训练有助于更加深刻地理解和掌握外语的语音特征。表2.5是西班牙语和汉语普通话的辅音系统对比。

表2.5 西班牙语—汉语普通话辅音系统对比

调音方式	调音位置							
	bilabial 双唇	labiodental 唇齿	interdental 齿间	dental 齿	alveolar 龈	postalveolar 龈后	retrofleja 卷舌	palatal 硬腭	velar 软腭
oclusiva 塞音	[p]: p (paño) [b]: b (baño); v (vaca); w (Watt) [pʰ]: p (pā) [p]: b (ba)			[t]: t (temo) [d]: d (dato) [tʰ]: t (tā) [t]: d (dā)					[k]: c (coca); k (koala); q (Qatar) [g]: g (gato) [kʰ]: k (kā) [k]: g (gā)
fricativa 擦音		[f]: f (gafa) [f]: f (fā)	[θ]: c (cita)		[s]: s (sano); x (xenia) [s]: s (sā)		[ʂ]: sh (shā) [ʐ]: r (rú)	[ç]: x (xī)	[x]: g (gente); j (jeta); x (Texas) h (hā)
africada 塞擦音						[tʃ]: ch (chico) [tsʰ]: c (cā) [ts]: z (zā)	[tʂʰ]: ch (chā) [tʂ]: zh (zhā)	[tɕ]: j (jī) [tɕʰ]: q (qī)	
nasal 鼻音	[m]: m (masa) [m]: m (mī)				[n]: n (nata) [n]: n (nā)			[ɲ]: ñ (niña) [n]: n (mī)	[ŋ]: ng (āng)
lateral 边音					[l]: l (loca) [l]: l (lī)			[ʎ]: ll (calle)	
aproximante 近音	[β]: b (liba); v (lava)		[ð]: d (boda)					[j]: y (yo)	[ɣ]: g (miga)
vibrante múl. 颤音					[r]: r (rato)				
vibrante sim. 闪音					[ɾ]: r (paro)				

说明：
1. 塞音、擦音、塞擦音、鼻音、边音的横行被分为两行，上行是西班牙语，下行是汉语。塞音、擦音、塞擦音方式在汉语普通话中不使用，因此仅列举西班牙语的情况。近音、颤音、闪音的发音方式在汉语普通话中不使用，因此仅列举西班牙语的情况。
2. 对于发音相同的字母，用分号分隔。

请大家仔细观察表格，并且思考两个问题：首先，对于以汉语为母语的人而言，哪些西班牙语辅音有难度，为什么？同样，对于以西班牙语为母语的人而言，哪些汉语辅音有难度，为什么？

 随堂练习

1. 进入以下页面：http://web.archive.org/web/20161122001649/，http://soundsofspeech.uiowa.edu:80/anatomy.html，对照动图记忆各发音器官的名称。思考在发[f]，[l]与[t]时，主动器官与从动器官分别是哪个。

2. 进入网页http://soundsofspeech.uiowa.edu/spanish/spanish.html，记忆西班牙语各辅音的音标、发音位置及方式。

3. 下载praat语音分析软件，根据教师指导进行简单操作练习，观察不同发音方式在声谱图上有何区别。

4. 用语音学描写方式转写以下句子。

    (1) Mi madre está jubilada.

    (2) La casa está cerca de aquí.

    (3) No quiero pelear contigo.

    (4) ¿Dónde está el huerto?

    (5) Te pongo un *whiskey*.

5. 观察以下两组单词中画线的字母，说出有几个同位音。

    (1) ma<u>n</u>dar, a<u>n</u>te, <u>n</u>ada, bro<u>n</u>ceado, a<u>n</u>gora

    (2) e<u>s</u>te, mi<u>s</u>mo, a<u>s</u>no, a<u>s</u>pecto, e<u>s</u>drújula

6. 以下单词哪些是以硬腭音开始的，哪些以软腭音开始？

    gato, chico, tela, dinero, queso, guerra, nieto, jota, ñoño

    (1) 硬腭音起始：

    (2) 软腭音起始：

7. 西班牙语中的t与英语中的t同为清辅音，但是为什么英语中的单词tea听起来是"踢"的音，而西班牙语中的ti听起来是"滴"的音？另外，汉语拼音中t与d的音是否与英语或西班牙语中的哪些音素相同？

8. 说出以下画线字母在语音学上对应的音素名称。

例如：be<u>b</u>o aproximante bilabial sonora

(1) ca<u>s</u>o

(2) <u>q</u>uise

(3) ma<u>d</u>re

(4) pe<u>rr</u>o

(5) <u>y</u>o

(6) mucha<u>ch</u>o

(7) nasa<u>l</u>

(8) ami<u>g</u>a

(9) pie<u>r</u>na

(10) imp<u>o</u>rtante

9. 列举以下单词的最小对立体。

(1) fresa

(2) abeja

(3) hueso

(4) muela

(5) límite

10. 中国学生在学习西班牙语之初，常常混淆peso与beso，te与de，col与gol的音，为什么？对于舌尖颤音及闪音，你有什么推荐的练习技巧？

2.4 西班牙语音节

音节（sílaba）是单词进行语音切分后的个体。皇家语言学院字典 *DRAE* 对 sílaba 的定义是：

Sonido o sonidos articulados que constituyen un solo núcleo fónico entre dos depresiones sucesivas de la emisión de voz.

音节与语言的节奏、讲话的速度、字母的组合等因素紧密相连，是一个能从多元角度进行定义的概念，所以皇家语言学院另一部语法著作 *Esbozo*[①] 指出：

La noción de sílaba es más intuitiva que científica.

皇家语言学院最新版语法著作 *NGLE* 对 sílaba 给出的定义是：

[...] grupo mínimo de sonidos dotado de estructura interna en la cadena hablada.

音节与分音节（división de palabras）和重读（acentuación）紧密相关。

2.4.1 分音节

西班牙语中，将词切分为音节（división de palabras en sílabas/silabificación）是语言使用者的一项基本能力，它的主要作用是为了确定没有重音符号（tilde）的词的重读位置。

总体说来，西班牙语中的分音节规则非常简单。对于大多数词而言，最基础的规则是：辅音字母加元音字母的结构不应被切分开。也就是说，对于VCV结构的词，其切分方式应该是V-CV，而非V-C-V或VC-V。例如，ca-rro和ca-lle。

如果单词中有两个辅音字母拼写在一起，构成VCCV的结构，那么根据

---

① Real Academia Española (1973). *Esbozo de una nueva gramática de la lengua española*. Madrid: Espasa, p. 12.

CC是否能放在一个词的开头位置来判断CC是否被分开。如果CC能放在词首，则不能被切分开；如果CC不能位于词首，则需要切分开。例如，siglo与sintagma，siglo应被切分为si-glo，因为gl-可以位于词首（如**gl**acial）；而sintagma应被切分为sin-tag-ma，因为gm组合不能置于词首。再如，insiste应被切分为in-sis-te，而非in-si-ste，因为西班牙语中st-不能置于词首。

由此，我们首先需要掌握西班牙语中哪些辅音字母能够形成可以置于词首的组合。西班牙语中，一共存在以下13种辅音字母组合（grupos consonánticos）的情况：

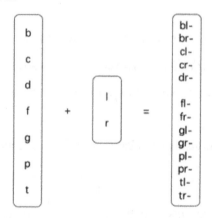

图2.9　西班牙语辅音字母组合

其中，tl-组合主要出现在墨西哥部分地名以及其他来源于纳瓦特尔语（也称纳华语，nahuatl）的单词，如Mazatlán，Tlaxcal，achipotle，tlalcoyote等。

除了tl以外，以上其他辅音字母组合出现在单词中间时，应和后面的元音划分在一起，如：a-**pl**au-so。字母组合tl的划分表现出很强的地域差异：在西班牙中部和东部，tl被分开（如a**t**-**l**e-ta，a**t**-**l**as）；在其他西班牙语地区，tl被整体对待（如a-**tl**e-ta、a-**tl**as）。

随堂练习

1. 进入网页 http://tulengua.es/silabas/，试用自动分音节功能。

2. 根据语音标准划分以下单词的音节。

(1) construcción

(2) postdoctorado

(3) áureo

(4) aéreo

(5) haría

(6) Aria

(7) abstracto

(8) guion

(9) riais

(10) río

(11) adjetivo

(12) alto

2.4.2 音节的分类

按照末尾音位，分为开音节（sílaba abierta）与闭音节（sílaba cerrada）。开音节指的是以元音、双元音或三元音结尾的音节，例如 **a-ma**，**ca-sa**，**quie-to**，**ley**，**buey** 等。闭音节指的是以辅音结尾的音节，如 **fin**，**aun-que**，**can-tas**，**a-tún**，**con-fiáis** 等。

西班牙语中，按照语音强度，分为重读音节（sílaba tónica）与非重读音节（sílaba átona）。几乎所有的单词都有一个重读音节，除了以-mente结尾的副词会有两个重读音节，如 **rara**men**te**。

2.4.3 音节结构

因为元音字母（简写为V）是一个音节的核心，并且时常被辅音字母（简写为C）或游离元音（vocal satélite①，简写为S）所环绕，西班牙语中音节的结构方式共有以下14种：

表2.6 西班牙语音节结构举例

结构	举例	结构	举例
V	**e**-so	CCVC	**blan**-co
VC	**ár**-bol	CCVCC	**trans**-bor-do
VCC	**abs**-te-ner	SV	**hie**-lo
CV	**di**-le-ma	VS	**au**-la
CVC	**lan**-za	SVS	**huai**-no
CVCC	**cons**-tar	CSV	**pia**-no
CCV	**crá**-ter	CSVC	**lien**-zo

2.4.4 双元音

在同一个音节中有两个元音时，该音节叫作双元音（diptongo）。根据元音组合顺序的不同，双元音可分为以下几种类型。

递升双元音（diptongo creciente）由合元音（即高元音）与开元音或半开元音（即低元音与半低元音）组成，包括/ia/、/ie/、/io/、/ua/、/ue/、/uo/这六种组合方式。这些情况下，开元音或半开元音又被叫作音核（núcleo silábico），合元音被叫作半辅音（semiconsonante）。

递降双元音（diptongo decreciente）由开元音或半开元音（即低元音与半低元音）与合元音（即高元音）组成，包括/ai/、/au/、/ei/、/eu/、/oi/、/ou/这六种组合方式。这些情况下，开元音或半开元音依然称为音核，而合元音被叫作半元音（semivocal）。

---

① 也有语法学家将它称为vocal deslizada，vocal paravocal或vocal marginal。

当在同一个音节中有三个元音时，该音节叫作三元音（triptongo）。与双元音相同，三元音中的开元音或半开元音被视为音核，而另外两个音则根据在音核之前或之后，被称为半元音或半辅音。以三元音/iai/为例，sitiáis的音标是[sitjáis]，即前一个/i/为半辅音，后一个/i/为半元音。

当相遇的两个元音字母构成两个独立的音节时，这种现象叫分立元音（hiato）。分立元音有以下三种组合方式：由两个相同的元音或两个开元音构成，如chiita，leer，tebeo，coordinador等；由重读的闭元音与开元音或半开元音构成，如tío，mía，púa等；由开元音或半开元音与重读的闭元音构成，如Raúl，raíl等。

对于i和u组成的音节ui或iu，其重读情况稍微复杂一些。通常情况下，如果ui和iu构成的是一个双元音，而这个双元音是单词的重读音节，那么重读的位置常在后一个音上，如/construído/和/diúrno/。但这只是一般的现象，确实能找到不同地域、不同说话习惯的人们会有不同的重读习惯。例如muy一词，能找到/muí/和/múi/的案例。甚至有时ui和iu被认定为分立元音，如/gra-tu-i-to/。

2.5　西班牙语语音特征

2.5.1　语流音变现象

我们在说话时，前后几个音由于各自的语音特征而互相影响，从而使前音或后音发生某种变化，这种现象叫作语流音变（sandhi）。西班牙语中语流音变现象主要包括以下几种。

同化（asimilación）现象是最常见的语流音变现象，它指的是在两个不同的语音中，一个被另一个所同化。根据两个音的相对位置，同化现象分为近邻同化与远程同化。前者发生在两个语音紧密连接在一起的情况下，如también在一些地区的口语中，b被m同化，发音变为/tamiém/。在

un beso中，n被b同化，进而成为m的音，即/um beso/。远程同化发生在两个间隔语音间，如拉丁语feci一词，由于e与i的互相同化，从而产生了新词hice。

在某些特殊的语音环境下，两个不同的音位发音趋向一个中间音，这种现象叫语音的中化（neutralización）。以含有闪音/ɾ/的pera与含颤音/r/的perra为例，依据舌尖颤动次数的不同，我们可以在交际中清晰辨别出两个单词要传达的语义。然而，当字母r位于词尾时，如在besar中，r的单击与多击已经失去意义，对词语的理解不会产生影响。

在单词中，有时为了增强相邻两个音的对比度，会将其中一个音进行殊化（diferenciación）。例如，西班牙单词peine在一些方言中经过殊化变为/páine/。

同一单词中，一个语音为了区分与另一个相同或相似的语音而发生的变化，叫作异化（disimilación）。该现象主要发生在r，l，n和m之间。例如，拉丁语单词anima由于中略síncopa现象变为anma，但是演变到西班牙语后异化成了alma。

在单词中有些音（对应字母）可以改变位置，这个现象叫移位（inversión）。如口语中常常听到把nadie误说成/náide/，把permiso误说成/premíso/的现象。

同一单词中，有些音被互相调换位置，叫作换位（metátesis）。如口语中有把incienso误说成/inθénsio/，fraile被误说成/fláire/的现象。

在语流中，相邻两个相同的元音发音时，根据语境，语音会出现延长（alargamiento）或缩短（acortamiento）现象。例如，papá Álvaro中，a的语音会被加长，但在alcohol中两个o的音长又常常被缩短为一个，即/alcól/。这一特征只会出现在元音相遇的情况下，辅音相遇（如al lado，innato）不发生改变。

在语流中，不同元音相遇或辅音与元音相遇，会发生连读（sinalefa

的现象。两个元音相遇的连读叫作纯连读（sinalefa pura），如me amas；辅音与元音相遇的连读叫作非纯连读（sinalefa impura），如el hambre。纯连读若发生在高度不同的元音之间（参考表2.2），则最高的变为半元音（用"‿"标记），如：

(1) mi‿amor　　[i̯a]

(2) mucho‿ingreso　　[oi̯]

(3) lo‿ayudo　　[o̯a]

(4) te‿amaré　　[e̯a]

如果纯连读发生在同高度元音间，一般第一个变为半元音，如：

(5) mi‿universidad　　[i̯u]

(6) tu‿interés　　[u̯i]

(7) lo‿espero　　[o̯e]

(8) le‿odio　　[e̯o]

以上被连读的音节在快速朗读中均可被视为双元音。[e]和[o]在变为半元音后发音贴近[i]和[u]。例如，在一些方言或者语速较快的说话时，会把se aleja听为或说为[si̯a'lexa]，almohada会成为[almu̯'aða]。

该现象广泛出现在西班牙语诗歌的音节计算中。按照传统的音节计算方式，很多诗句的音节将无法保持韵律。我们来看一个简单的例子。西班牙诗人José de Espronceda是浪漫主义的主要代表人物。我们选取他的"Canciones del pirata"这首诗中的一节来分析音节。

　　La luna en el mar riela,

　　en la lona gime el viento

　　y alza en blando movimiento

　　olas de plata y azul;

　　y va el capitán pirata,

　　cantando alegre en la popa,

Asia a un lado, al otro Europa,

y allá a su frente Estambul.

按照传统的音节划分方式，这几行诗的音节应该划分为：

诗句	音节数
La / lu / na / en / el / mar / rie / la	8
en / la / lo / na / gi / me / el / vien / to	9
y / al / za / en / blan / do / mo / vi / mien / to	10
o / las / de / pla / ta / y / a / zul	8
y / va / el / ca / pi / tán / pi / ra / ta	9
can / tan / do / a / le / gre / en / la / po / pa	10
A / sia / a / un / la / do / al / o / tro / Eu / ro / pa	12
y / a / llá / a / su / fren / te / Es / tam / bul	10

如果这样划分音节，这节诗句似乎毫无韵律感。其实，作者在这节诗的每一行都保持了8个音节，正确的划分方式应该是这样的：

诗句	音节数
La / lu / na / en / el / mar / rie / la	8
en / la / lo / na / gi / me el / vien / to	8
y al / za en / blan / do / mo / vi / mien / to	8
o / las / de / pla / ta / y a / zul	7+1（zul重读+1）
y / va el / ca / pi / tán / pi / ra / ta	8
can / tan / do a / le / gre en / la / po / pa	8
A / sia a un / la / do a / l o / tro Eu / ro / pa	8
y a / llá a / su / fren / te Es / tam / bul	7+1（bul重读+1）

掌握了这一点，其实对我们朗诵诗歌是非常重要的，这样我们才能知道如何断句、如何控制韵律。

随堂练习

1. 进入网页http://prosodia.upf.edu/atlasentonacion/mapa_l.html，对比西班牙及美洲主要国家的西班牙语音特征。

2. 判断以下单词或词组中的/l/在朗读时是否发生语音同化现象。

    (1) tilde

    (2) tal vez

    (3) malentendido

    (4) colchón

    (5) caldo

    (6) alpaca

    (7) alfabeto

    (8) el queso

3. 传统西班牙语诗歌及民间歌曲以8个音节居多，且隔行押韵。阅读以下四行诗，再把每行划分成8个音节（提示：重音落在最后一个音节的，自动增加1个音节）。

    La águila siendo animal
    se retrató en el dinero,
    para subir al nopal
    pidió permiso primero.

    Guadalajara en un llano
    México en una laguna,
    Me he de comer esa tuna
    aunque me espine la mano.

2.5.2 字母音位不对应现象

西班牙语中并非每个字母（grafema）对应一个固定的音素，这种不匹配现象为书写造成了一些障碍，致使从音转写为文时可能出现错误。接下来我们将从字母与音的角度出发，对这些容易混淆的语言单位进行简要分析。

1) 相同字母的不同音

以-cc-结构为例，第一个-c-的音是/k/，第二个-c-的音是/θ/。在口语交际中，第一个-c-已经弱化几近消失，如口语中dirección逐步被/direθión/取代。

2) 相同字母的相同音

这一现象常见于西班牙语的外来词。原本的语言中存在代表相同音的相同字母重复出现的情况，但在转入西班牙语时，可能会省略其中一个。例如，西班牙语单词escáner（源于英语scanner），puzle（源于英语puzzle）。

3) 不同字母的不同音

当n与s构成-ns-时，n的发音弱化，如transmitir在口语中更常见的读法是/trasmitír/。当p与t构成-pt-时，p的发音弱化，如séptimo在口语中更常见的读法是/sétimo/。当s与t构成-st-时，t的发音受到阻碍，一般不发音，如postgrado在口语中被说成posgrado，postdata被说成posdata，并且这两种形式已被皇家语言学院收录为词条。当b与s构成-bs-时，b的发音弱化，如substancial的另一常见形式是sustancial。

4) 音位不同，意义相同

下面这些例子，虽然每行中的单词与短语音不同，但意义完全相同。

asimismo	=	así mismo
enseguida	=	en seguida
bocabajo	=	boca abajo
aposta	=	a posta

enfrente = en frente

deprisa = de prisa

arcoíris = arco iris

5）音位相同，意义不同

下面这些例子，虽然每行中的单词与短语音相同，但它们的意义完全不同。

aparte ≠ a parte

apropósito ≠ a propósito

entorno ≠ en torno (a)

malentendido ≠ mal entendido

sobretodo ≠ sobre todo

sinvergüenza ≠ sin vergüenza

sinsentido ≠ sin sentido

下面这些语法成分也存在音相似义不同的现象。

a dónde ≠ adónde ≠ a donde ≠ adonde

por qué ≠ porqué ≠ porque ≠ por que

sino ≠ si no

conque ≠ con que

adondequiera ≠ a donde quiera

dondequiera ≠ donde quiera

除此之外，还有一些语言单位也由于发音相似而经常被混淆，如：

ahí ≠ hay ≠ ay

rebelar ≠ revelar

grabar ≠ gravar

haber ≠ a ver

halla ≠ haya ≠ aya ≠ allá

第三章　词法

No hay espejo que mejor refleje la imagen del hombre que sus palabras.

Juan Luis Vives

第三章 词法

对欧洲建筑稍有了解的同学一定知道，下面两张图分别表现的是罗曼风格（estilo románico）及哥特风格（estilo gótico）的建筑物正立面。

图3.1 罗曼风格与哥特风格建筑特点对比

大家想一下，同样是以石料作为主要建筑材料的两个建筑物，为什么看起来如此不同？其主要原因就在于搭建的结构不同。这一现象也可以类比到语言上。如果把一门语言视为一座建筑物，那么词汇就是砖瓦、石块等基础建材，语法就是把材料组合在一起的结构框架。西班牙语和葡萄牙语使用的"建筑材料"相似，建筑物的结构框架也相似，因此两种语言相似度高。西班牙语和汉语使用的"建筑材料"差别大（前者通过字母构建单词，后者通过笔画构成汉字字符），二者的结构框架差别也很大，因此两种语言相似度低。

3.1 关于语法

无论是什么语言，其基本成分都要遵从一定的搭配方式拼接起来，才能被交际方接受。否则，即使每一个基本成分的含义完全清晰，所产生的信息也是不"合格"的。例如，欧洲学生学习汉语时往往会说出这样的句子：

(1) 我学中文在北大。

(2) ——"你讲中文吗？"

——"不。"

虽然我们能够理解句中的每一个词以及句子的含义，但是句子本身是不合格的，母语人听起来会觉得别扭。同样，中国学生在使用西班牙语时也常常出现一些问题，例如：

(3) Voy a regalar un libro a ti.

(4) —Me ha gustado la película.

—Yo también.

要避免这些问题的出现，就需要大家对所学外语的语法有深刻的了解。也许有同学会说，我们在使用汉语时，从来不考虑语法问题，不是照样能够正确地使用吗？为什么学习外语时却要学习枯燥的语法呢？这个问题的原因在于，人们对于母语的掌握是从幼年时期开始，经过逐渐的、漫长的、不自觉的模仿、纠正而掌握的。这一过程往往被湮没在其他更多、更具体的生活经历中，因此常常被学习者忽略。但是，在外语学习中，由于缺少这一过程，所以对语法规则的掌握就显得至关重要了。

课外阅读

对学习外语的学生而言，学习语法有什么用，应该学什么？请阅读下文。

Título: "Qué gramática enseñar, qué gramática aprender"

Disponible en:

<http://marcoele.com/descargas/17/resena-ortega.pdf>

西班牙语中的"语法"（gramática）一词来源于拉丁语的grammatĭca，该词又来源于希腊语的γραμματική τέχνη（grammatikē téchnē）。其中，τέχνη（téchnē）意为arte或técnica；γραμματική（grammatikē）由γράμμα （grámma，意为letra）派生而来，意为de las letras。因此gramática在希腊语的原义为arte de las letras。古希腊先哲最初将类似于今天的书写规范、文章释义、句法、文学评论等领域划分在语法的范畴内。公元前1世纪，语法学家狄俄尼索斯·特拉克斯（Dionisio de Tracia）出版了 *Tékhnē Grammatikē*（*Arte gramática*），对前人的研究内容及成果进行了总结与梳理。古罗马时期，修辞学家昆提利安（Marco Fabio Quintiliano）在拉丁语中创立了litteratura一词，词首littera相当于希腊语的γράμμα（grámma），因此litteratura最初的研究内容与古希腊的γραμματική τέχνη（grammatikē technē）相同，前者只是替换掉了后者。直到公元4世纪，语法学者埃利乌斯·多纳图斯（Elio Donato）才将gramática与literatura各自所研究的领域进行了区分。

目前，皇家语言学院对gramática一词的定义是：

Parte de la lingüística que estudia los elementos de una lengua, así como la forma en que estos se organizan y se combinan.

由此可以看出，语法主要关注两个层面：一是构成语言的基本成分——词，二是这些基本成分的组合与搭配的法则。这两部分内容恰恰是传统语法研究涵盖的两个板块：词法（morfología）和句法（sintaxis）。词法也常被称为形态学，主要研究词的内部特征；句法主要研究词的外部特征，即词与词之间的关系，因此，二者的临界点正好是词。

语法的基本单位——词

词（palabra）是语法研究的基本单位，但是由于不同的语言具有不同的结构特点，对词的认定也存在不同的困难。例如，与西班牙语相比，汉语中的词就比较难从句子中切分（segmentación）出来。我们想一下，下面这句话到底包含多少个词呢？

(1) 我想去大雁塔。

有些同学认为包括4个词：我、想、去、大雁塔；有些同学认为包括5个词：我、想、去、大、雁塔；还有些同学也认为包括5个词，但是划分方式不同：我、想、去、大雁、塔。

从这个简单的例子可以看出，汉语中划分词确实是一件比较复杂的工作。关于这一点，我们在以后学习语料库语言学，讲解汉语词条的自动切分（segmentación automática）技术时还会深入讨论。

在西班牙语中，似乎问题要简单得多，因为从书写特征上看，一般认为前后有空格隔开的就是一个palabra。按照皇家语言学院的解释，palabra是：

Unidad lingüística, dotada generalmente de significado, que se separa de las demás mediante pausas potenciales en la pronunciación y blancos en la escritura.

课外阅读

中文里的汉字所处的层级类似于西班牙语中的字母、单词、短语，还是其他语法单位？你是怎么考虑的？请阅读下文。

Título:"Caracteres frente a letras: ideografía y morfología en chino"

Disponible en:

<https://doi.org/10.5209/CLAC.60511>

一般情况下，对于词的数量的判定，可以采用以上规则，但是在一些特殊的结构中，需要特殊处理。例如以下几种情况：

(2) Voy a mandártelo mañana.

(3) Quiero dormir en un coche cama.

(4) Las relaciones económico-comerciales van bien.

(5) Del dicho al hecho hay gran trecho.

大家想一想，以上4个例句中，分别有几个palabra呢？第一句的难点在于mandártelo，虽然从形式上看，其前后均有空格，是一个统一的整体，但是在划分时应该分为3个词。也就是说，例句(2)和下面这句是完全相同的：

(6) Te lo voy a mandar mañana.

因此，例句(2)和例句(6)中，均有6个词：voy，a，mandar，te，lo，ma-ñana。

例句3)中的难点在于coche cama的认定。虽然从形式上看，coche cama应该是2个词，但是二者构成的是一个合成词，这个合成词的含义并非是coche及cama的简单叠加，因此应该视为一个词。例句(3)中有5个词：quiero，dormir，en，un，coche cama。

例句(4)的情况类似于例句(3)，虽然económico及comercial是两个词条，但是由于有连字符连接，构成了合成词，因此应当作为一个整体看待。

例句(5)的关键点在于del及al的认定。虽然二者形式统一，但是del及al分别是介词加定冠词缩合（contracción）后的结果，在划分时应切分开。

以上列举的只是一些比较特殊的案例，大多数情况下通过palabra的定义就可判断出一个句子所包含的词数。

3.2 词法及一些基本概念

"词法"的西班牙语术语是morfología，其中，词首morfo-意为forma，词尾-logía意为estudio或ciencia。因此，morfología的字面含义为"研究形式的学科"。该术语可应用在很多学科，如生物学中的morfología de las bacterias、口腔医学中的morfología dental。在语言学领域内，morfología特指对词的研究，因此常常被译为"词法"。词法的研究内容主要包括三个方面：一是词的语法分类，即词类（categoría gramatical/

clases de palabras）；二是构型法（flexión），即屈折特征；三是构词法（formación de palabras），即词的构成方式。在学习这三方面内容之前，有几个重要的概念需要大家掌握。

1）语素

既然要研究词的内部特征，我们就需要找出比词更小的单位，这就是词素或语素（morfema）。词虽然是最基础的语法单位，但却不是最小的，语素才是语法分析的最小单位，是最小的语音和语义的结合体。一个词至少由一个语素构成。所谓"最小的"，指的是不能再拆分为更小的可以表达确定意思的语言单位。如perro一词，不能再切分为pe-和-rro，或者per-和-ro，因为这样切分出来的成分只有"音"而没有"义"。所以，perro一词仅含有一个语素，那就是perro。但是，inseguridad一词可以拆分为表示否定概念的in-（如在inadecuado，inapropiado等词中），表达词汇基础概念的segur-（如在seguro，seguridad，asegurar等词中），以及表示名词属性的-dad（如在ciudad，unidad，sociedad等词中）。以上切分出来的成分都是同时具有"音"和"义"的最小单位。当然，这里的"义"并非仅仅是词汇的含义，也有可能表示一种语法的含义。如-dad表示的是"名词性"这个语法含义。由此我们也可以看出，同为语素，根据不同的标准，又可划分出不同的类别。

课外阅读

关于"词法"的具体内涵及外延，请阅读下文。

Título: "La morfología"

Disponible en:

<https://www.virtuniversidad.com/greenstone/collect/ingles/index/assoc/HASHdaec/818cd2ff.dir/doc.pdf>

2）词汇义语素与语法义语素

从语义的角度看，语素可分为词汇义语素（morfema léxico），也称为语义素（lexema）或词汇基础（base léxica）。这类语素用于给单词提供词汇含义。

与词汇义语素相对应的是语法义语素（morfema gramatical），这类语素用于表达词汇的语法属性。

以caballos一词为例，这个词条包含两个语素，caballo和-s：前者表达词汇的含义"马"，后者表达复数这个语法含义。

课外阅读
对学习外语的学生而言，学习语法有什么用，应该学什么？请阅读下文。 Título: "Qué gramática enseñar, qué gramática aprender" Disponible en: <http://marcoele.com/descargas/17/resena-ortega.pdf>

3）词根与词缀

根据结合关系，语素可分为词根（raíz）和词缀（afijo），前者构成词的主干，后者是附加成分。例如在papelera一词中，词根是papel，词缀是-era。

词缀根据所处的位置又可细分为置于词根之前的前缀（prefijo）、置于词根之后的后缀（sufijo），以及置于词根之间的中缀（interfijo/infijo）。例如，在postdoctorado中，post-是前缀；在saludable中，-able是后缀；在coliflor中，-i-是中缀（coliflor是由col-i-flor三部分构成的）。

4）自由语素与黏着语素

自由语素（morfema libre）能够独立使用、单独成词，如之前见到的papel；黏着语素不能独立成词，必须黏着在自由语素上才能使用，如上文提到的-able，-era等。由此可见，所有的词缀都一定是黏着语素。

这里需要强调的是，由于西班牙语中的词汇有性、数、时、体、格等标记，所以自由语素只占很小一部分。这一点和英语很不相同。

以名词为例，英语中的名词基本上是由自由语素直接构成的（如cat），而西班牙语中的名词常常以词尾-o或-a标记阳性或阴性（如gato和gata），那么gato这个词的词根gat-就不是自由语素，因为它不能单独成词，必须要连接词缀-o，-a，-os，-as或者-uno才能成词。而pared，melón，autobús等词则是由自由语素直接构成的。

再看看动词，英语中的动词大多是由自由语素直接构成的（如study，like），而西班牙语正相反，绝大多数的动词都不是自由语素，如trabajar由trabaj-和-ar构成，levantamos由levant-和-amos构成，这两个词都不是由自由语素直接构成的。西班牙语中唯一由独立语素构成的动词是pon，ven，sal等命令式。

5）语素变体

同一个语素在不同的词内可能会有不同的拼写形式，各语素互为语素变体（alomorfo）。如动词poder，puedo，pudiste所包含的语素pod-，pued-及pud-互为语素变体。再如，前缀i-用于表示否定（如ilegal），但在以r-开头的词前需要变为ir-（如irreal），在p-开头的词前需要变为im-（如imposible），在c-开头的单词前需要变为in-（如inconveniente），因此，i-，ir-，im-和in-互为语素变体。

课外阅读

关于西班牙语中语素变体的更多知识，请阅读下文。

Título:"La alomorfía en el interior de las familias léxicas"

Disponible en:

<http://bdme.usc.es/cms/public/pdf/pena/2011.La_alomorfa_en_el_interior_de_las_familias_lxicas.pdf>

随堂练习

1. 将下列词切分为更小的单位，并且说出每行词的词根及词缀。

    (1) comer comiste come comías

    (2) casa casas casamiento casero

    (3) prescindir prescindible imprescindible prescindido

2. 判断以下每个词具有几个语素。

    floristería disculpa gordo empeorar libreta insoportable pianista estudiante azucarero urgencia pronombre ensaladita Fernández países español leer

3. 切分出以下词的语素。

    artista dígamelo capital filosofía quejarse limpísimo contenta dijimos superlativo julio verde grandota pedazo trabajamos gatos plantear recortar innovación

4. 列举以下词的词根的语素变体。

    divertir morir almorzar perder jugar andar preferir reír ir hacer

3.3 词类

    词类是词的语法分类。对事物分类是人的天性，人类在认识世界的过程中不断地对周围的事物进行分类。分类的核心是使用归纳法和演绎法，以帮助我们通过对已知事物的总结来认知未知事物。就词类而言，如果我们每学习一个词，老师都要强调这个词的单复数、阴阳性、变位方式等，那么学习量是巨大的。但是如果我们对词分类，由于同一类词均遵守一些固定的规则，这样将大大简化学习的过程，达到事半功倍的效果。

    西班牙语在对词汇分类时，主要考虑三个方面的特点：形态特点

(aspectos morfológicos)、句法特点（aspectos sintácticos）以及语义特点（aspectos semánticos）。

形态特点考察的是词的形态变化，如单复数、阴阳性的变化，人称、时、体、态、式的变化，格的变化等。当我们见到-dad, -sión, -ista等结尾的词时，会理所当然地认定为名词；当见到-ar, -er和-ir结尾的词时，会把它们划分为动词。当然，这也是学生在最初学习阶段误把alquiler用作动词的原因。形态特点也存在局限性，例如在对缺少形态变化的词如pero，por，fuera，ay分类时，就显得力不从心了。此时，可以介入句法特点进行划分。所谓句法特点，指的是词在句子中所起的功能作用，如作主语、谓语还是宾语，能和哪些词搭配等。就以上4个词而言，por后需要使用名词、代词、动词原型等形式，这是其他几个词不具备的功能；ay需要单独使用，不能和其他词搭配；pero后可连接变位动词；fuera用于修饰动词。除此之外，有时还可以通过词的语义特点进行判定。

课外阅读

如何划分词及词类始终是语言学研究中的难点，基于不同的视阈会得到不同的结果。关于这方面内容，请阅读下文。

Título: "Sobre la palabra y las clases de palabras"

Disponible en:

<https://dialnet.unirioja.es/descarga/articulo/41390.pdf>

总的说来，西班牙语词汇一般分为9类：名词（sustantivo/nombre）、动词（verbo）、形容词（adjetivo）、副词（adverbio）、代词（pronombre）、连词（conjunción）、介词（preposición）、语气词（interjección）以及限定词（determinante）。

以上9类中，根据是否有屈折变化这一特点，可分为可变词类（variable，如形容词的单复数、阴阳性变化）和不可变词类（invariable，如语气词、连词）；根据每一类的词汇数量是否固定，可分为闭合词类（clases cerradas，如代词、介词、连词的数量是固定的）和开放词类（clases abiertas，如名词、动词等，可根据语言表达的需要而不断地创造出新的词）。我们在学习"基础西班牙语"的时候，接触过小品词（partícula）这一术语，它在语法中指的是形态无法进行变化的词，所以包含adverbio，conjunción，preposición和interjección这4个类别的词。

需要注意的是，所有语言中都有同时兼属多种词类的词，如汉语中的"活跃"既可以是动词（如"活跃晚会的气氛"），也可以是形容词（如"晚会上的学生很活跃"）；英语中的yellow既可以是名词（意为"黄色"），也可以是动词（意为"使变黄"），还可以是形容词（意为"黄色的"）。西班牙语的情况较这两种语言更加固定一些，因为西班牙语中有更加明显的屈折形式，所以不会出现以上两种语言的情况。西班牙语中较常见的兼类现象有，动词原形既是动词又是名词，如：

(1) **Trabajar** por la noche es muy malo.

也正因为这样，才可以在动词原型前加上定冠词，使其显现出更为明显的名词特征：

(2) **El trabajar** por la noche es muy malo.

再如，西班牙语中有句熟语：

(3) Del cerdo me gustan hasta los **andares**.

此处andar甚至变为复数形式。除了动词这个大类以外，还有一些由于历史渊源问题造成的兼类词[多是多义词（polisemia）]，如sobre既是名词也是介词，adjunto既是形容词又是名词等。

3.4 构型法

构型法关注的是词的屈折（flexión）形式的问题。构型法构成的词是同一个词条的不同语法形态的表现，例如，trabajar虽然可以变为trabajamos，trabajen，trabajaréis等不同形态，但是各形态只算作一个词条（entrada）。因此，所谓语法形态，对于西班牙语而言，主要涉及性、数、时、体、态、式、人称等方面的特征。

1）性

性（género）是名词、代词、形容词、限定词所具有的形态特征，但核心词还是名词，因为代词是用来代替名词的，而形容词和限定词是用来修饰名词的。西班牙语中的名词有两个性——阳性（masculino）和阴性（femenino），不存在中性（neutro）。中性只在代词中（如lo，algo，esto等）出现。

课外阅读

关于西班牙语中名词的性，请阅读下文。

Título: "Morfología del género en español"

Disponible en:

<https://nrfh.colmex.mx/index.php/nrfh/article/download/1468/1461>

大家可能会好奇西班牙语以及其他很多语言中为什么要对名词区分"性"。首先，在全世界的语言中，有很多不同语系的语言是对名词区分性的。有些只区分阴性和阳性两个性（如西班牙语、法语、意大利语），有些区分阴性、阳性和中性三个性（如德语、波兰语）。语言中为什么要对事物区分性，其主要原因是这是一种简便的避免歧义的方式。例如，西班牙语中的关系从句中，en el/la/lo que是一种非常常见的形式。这里通过

简简单单的el，la，lo的性就可以判断所指，避免再次出现相同的名词。再如，试想当我们面前摆着不同颜色的杯子（vasos和copas）时，如果说：

(1) Quiero **una** verde.

这时听话人会准确地理解为una copa，而不是un vaso。当然了，不区分名词的性的语言也随着使用发展出自己的一套避免所指歧义的系统。

另一个大家好奇的问题是没有生命的物体（如桌子、椅子、鞋）是如何确定阴阳性的？西班牙语中无生命名词的阴阳性主要取决于拉丁语对应名词的性。如西班牙语的fiebre是阴性，因为其拉丁语词源febris就是阴性；西班牙语的dolor是阳性，因为其拉丁语词源dolor也是阳性。如果再追寻非生命体词的阴阳性的最初来源，其实可以追溯到我们在本教材的第一章学习过的概念——语言的任意性。但是这里要明白的一个问题是，fiebre（发烧）和dolor（疼痛）这两个机体现象本身不具备阴性或阳性之别，只是由于任意性原则，这两种现象被赋予了阴性和阳性的词。也正因为这样，这里的性也常常被强调为género gramatical。

对于有生命物体所对应的名词，其阴阳性也需要注意。首先，名词的阴阳性未必完全对应生命体的性别（sexo）。例如，蚊子分雌雄，但是蚊子这个单词对应的是阳性形式的名词mosquito；河马分公母，但是对应的名词是阳性形式的hipopótamo。这种现象的名词叫作通性名词（sustantivo epiceno）。如果要强调通性名词中的某一个性别的个体，如"雌性的河马"，那么一般是使用macho和hembra作为限定成分来修饰。如：

(2) Un hipopótamo **hembra** salió del agua.

在学习基础西班牙语时，我们已经知道miembro，testigo，víctima等词也属于这种类型，希望强调某性别时，需要通过搭配的其他修饰成分来限定。如：

(3) No conozco a **ese testigo**.

(4) No conozco a **esa testigo**.

(5) María González ha sido elegido **nueva miembro** del comité.

(6) Hubo cinco **hombres víctimas** en el accidente.

2）数

数（número）是借助于一定手段表示记录人或事物等对象的数量概念。西班牙语中区分单数（singular）与复数（plural）。名词、代词、形容词、限定词以及动词都可以表现出数的特征。在学习名词的数的概念时，需要明白虽然有些词看起来是复数形式，但并不一定表示复数的个体或概念，如las aguas，las arenas，las tierras，en los cielos等，此时复数形式只是一种语体形式。

另外，西班牙语中，有些名词由于所指单一，所以始终以单数的形式使用，如canícula，caos，cariz，cenit，grima，oeste，occidente，salud，sed等，这类名词统称为内在单数名词（sustantivos con singular inherente/singularia tantum）。还有些名词由于所指事物具有复杂性，因此始终以复数形式出现，如和食品相关的comestibles，tallarines，víveres等，和非定指事物相关的cachivaches，enseres等，和金钱相关的emolumentos，finanzas，honorarios等，和非定指地点相关的afueras，alrededores等，这类名词统称为内在复数名词（sustantivos con plural inherente/pluralia tantum）。

3）时

时（tiempo）和动词相关，通过动词的词形变化来表示动作发生的时间与说话时间或预设的某一时间点的关系（见图3.2）。西班牙语中，绝大多数的动词时态以说话时刻为参照，一些复合时态（如过去完成时、将来完成时）则以另一预设的时间为参照。

图3.2　西班牙语中的三"时"

西班牙语包含三个时，即过去（pasado/pretérito）、现在（presente）和将来（futuro），但是动词的变位时态和动作实际发生的时间未必存在必然关系。例如，使用将来未完成时变位的动词未必表示将来，反之，表达将来的概念时也未必一定使用将来未完成时，如：

(7) Mañana te **llamo**.

(8) ¿Me has traído un regalo? ¿Qué **será**?

陈述式现在时未必一定表达现在的时间概念，也可能是历史现在时（presente histórico）的用法，如：

(9) En 1492 Cristóbal Colón **descubre** América.

4）体

体（aspecto）也是动词的特征，通过动词的词形变化表现出动作所处的状态。西班牙语中有完成体（perfecto）和未完成体（imperfecto）之分。所有的复合时态（由haber的某种变位形式加过去分词构成）以及简单过去时均是完成体，其他的时态均是未完成体。所谓的完成体，其实质是站在动作的起点、终点或者全局来看待这个动作，因此如果描绘在时间轴上，应是点的形式；未完成体则是站在动作发生的过程中看待动作，所以在时间轴上是线的概念（见图3.3），掌握这一点，就能很好地理解简单过去时和过去未完成时的区别了。

图3.3　西班牙语中完成体与未完成体在时间轴上的表现形式

5）态

态指的是语态（voz），即通过动词的词形变化来表达动作与主语之间的施受关系。西班牙语中的语态分为主动语态（voz activa）和被动语态（voz pasiva）。主动语态表示主语是动作的施事者或发出者，被动语态表示主语是动作的受事者或接受者。部分学者认为西班牙语中也存在中动语态（voz media），但是这一观点备受争议。持此观点的学者认为中动语态在结构上是主动形式，在意义上则表示被动。如：

(10) La tienda cierra a las 21:00.

表面上看起来，这个句子是主动句，因为cierra的主语是la tienda，但是la tienda无法作为一个无生命的物体关闭自己；从句法特征看，这个句子也不是被动句。所以，部分学者认为这句话就是中动句，使用的是中动语态。然而，皇家语言学院不认为这属于voz的范畴，只认为是一种特殊的construcción。西班牙语中的中动语态在拉丁语中基本都是被动语态。除此之外，巴斯克语（euskera）中还有反被动语态（voz antipasiva）。

课外阅读

关于西班牙语中动语态的讨论，请阅读下文。

Título: "En torno a la voz media en español"

Disponible en:

<https://gramatica.usc.es/att/tomas.jimenez/Jimenez2015.pdf>

6）式

式（modo/modalidad）即为语气，是用动词的词形变化来表达说话人对句子表达的事件的主观态度。西班牙语中有三个式：陈述式（indicativo，也叫直陈式），用于说话人认为句子表达的事件与现实一致时；虚拟式（subjuntivo），用于说话人认为句子表达的事件与现实不一致，或者用于表达情感时；命令式（imperativo，也叫祈使式），用于表达命令。

> **课外阅读**
> 关于西班牙语动词的"式",请阅读下文。
> Título: "Sobre el modo verbal en español"
> Disponible en:
> <https://dialnet.unirioja.es/servlet/articulo?codigo=58843>

需要特别说明的是,虚拟式使用的条件是说话人认为句子表达的事件与现实不一致,或者用于表达情感态度,但是不能用于传递新信息。举一个简单的例子,某一天的课堂上,学生都在焦虑地等待老师来宣布前一天考试的成绩。没有学生预先知道成绩,而事实上这次考试全班都没有及格。在这种情况下,老师宣布成绩时的第一句话不能说:

(11) Lamento que nadie haya aprobado el examen.

上面的这句话从语法角度看是没有问题的,lamentar que 从句中需要使用虚拟式。但问题在于学生原本是完全不知道考试成绩的,对他们来说"不及格"是个新的信息,而虚拟式不能用于传递新信息。在这个情况下,老师应该说:

(12) Lamento informaros que nadie ha aprobado el examen.

或者

(13) Nadie ha aprobado el examen. Lo lamento mucho.

上面的例句(11)只能用在学生已经知道没人考试及格的情况下,用于表达一种惋惜的感情色彩。

7)格

格(caso)是用名词、代词的词形变化来表现与其他词的结构关系。拉丁语中名词、代词、形容词在使用时,根据结构关系,均需进行变格

（declinación），而西班牙语中仅保留了代词的格，包括作主语的主格（caso nominativo），作直接宾语的宾格（caso acusativo），作间接宾语的与格（caso dativo），与介词连用的介词格（caso preposicional/oblicuo，如para ti，por mí等）。很多地方将介词格称为"夺格"，这种称呼方式有待商榷，因为夺格对应的术语是caso ablativo，它存在于拉丁语、梵语、芬兰语中，西班牙语中是没有这些的。拉丁语中的夺格从形式上看也是通过介词连接，但其功能是作景况补语，表示地点、时间、原因、方式等，与西班牙语中介词格的功能完全不同。另外，有时表示所属（posesivo）的mi，tu，nuestro，su等词被归为代词的"属格"，这也是不恰当的，因为这些词的语法特征与形容词的特征完全吻合，因此，皇家语言学院将其归在限定词的词类下。

8）人称

人称（persona）是代词、动词所具备的特征。西班牙语中共分为6个人称，但特别要强调的是，usted及其复数ustedes是第二人称的敬称形式，并非第三人称。之所以很多地方将其与él/ellos，ella/ellas划分在一起，只是因为其对应动词的变位规则相同。usted和ustedes之所以作为第二人称却用第三人称的动词变位形式，是因为来源于短语vuestra merced，最后缩合成了usted。短语vuestra merced显然是第三人称单数，因此usted的对应动词的变位继承了这一规则。另外需要注意的是，在美洲的众多西班牙语国家，还广泛存在vos作为第二人称的用法。

 随堂练习

1. 西班牙语中，阴性定冠词la的一种语素变体是el。也就是说，在有些情况下，阴性单数名词前的定冠词是el，如el hambre, el aula, el águila等，但这些词仍然是阴性的，如el hambre espantosa, el aula limpia,

el águila valiosa。但是在另外一些词中，仍然使用la作为定冠词，如la ardilla，la alarma，la alumna。

思考：

(1) 是否可以从音系和语法角度，总结出以上语言现象的两条规则？

(2) 以上规则中是否有反例存在？

2. 总结西班牙语中以-s结尾的名词在变复数形式时所遵守的规则，总结以重读元音结尾的名词在变复数时所遵守的规则。

3. 西班牙语中动词第二人称变位的后缀具有哪些语素变体？

4. 根据要求造句。

(1) 使用现在时的动词变位表达未来。

(2) 使用条件式表达过去的可能性。

(3) 使用条件式表达现在的可能性。

5. 根据"（6）式"的讲解，请思考在el hecho de que的句子中应该使用陈述式还是虚拟式。（提示：考虑从句中的信息是新信息还是旧信息）

3.5 构词法

构型法讲的是同一词条所能经受的语法形式变化，变化出的词不能算作新的词条，只是原词的一种特定的语法形式。构词法则相反，该方法是西班牙语中形成新的词条的手段。西班牙语构词法（formación de palabras）分为词法构成（formación morfológica）和非词法构成（formación no morfológica）两大类。

3.5.1 词法构成

词法构成指的是利用语言中已有的元素，以派生（derivación）、合成（composición）、混合（parasíntesis）等手段构成新词。

> **课外阅读**
>
> 关于西班牙语中词的构成,请阅读下文。
>
> Título:"Sobre la formación de palabras en español"
>
> Disponible en:
>
> <https://dialnet.unirioja.es/servlet/articulo?codigo=892415>

1)派生

派生一词的动词是derivar,来源于拉丁语的derivare,其词根rivus(即arroyo)意为desviar las aguas de su cauce,darles otra dirección。现代语言学中,派生有两个含义。从广义角度讲,派生与屈折相对立:前者可以构成新的词条,而后者只是保持句子中词正确衔接的语法手段。因此,派生这一概念包括"合成"。从狭义角度讲,派生仅仅指简单词通过附加词缀构成新词的过程,与"合成"同为构成新词条的并列方法。在本书中,我们将使用派生的狭义概念,分别介绍它和合成构词法。

按照词派生前后词类的属性,可以将派生分为同类派生(derivación homogénea)和异类派生(derivación heterogénea)。同类派生指派生后的词与原词保持同词类,如reloj与派生词relojero,都是名词。异类派生指派生后的词与原词词类不同,如negar和派生词negación就属于这种情况。西班牙语中,前缀只改变词的意义,不改变词类,如同样是negar的派生词,加上前缀re-,de-后得到的新词renegar和denegar保持词类不变。

按照词派生时附着的词缀的数量,派生可分为单层派生(derivación simple)和多层派生(derivación múltiple)。单层派生指的是派生过程中原词只增加一层义素,如azulado是azul加单层词缀-ado的结果。多层派生指的是派生过程中词需要附加多重义素才能得到新词,如afortunadamente是由fortuna经过afortunar,afortunado逐步得到的。

第三章 词法

前缀是置于词根之前的词缀，缺少语法的独立性，一般情况下不能单独使用（除了ex，pro等可单独成词）。根据表达的概念，前缀常见以下几类：

表3.1 常见前缀及概念

分类	概念	常见前缀	举例
时间	anterioridad	pre- ante-	preinscripción; precocinado anteayer; anteproyecto
	posterioridad	pos(t)-	pos(t)doctoral; pos(t)venta
地点	posición delante	ante-	antebrazo
	posición trastera	pos(t)- tras-	postnatal trastienda
	posición superior	sobre- supra-	sobrevolar supranacional
	posición inferior	sub- so-	subsuelo soterrar
	posición intermedia	entre-	entreplanta
	espacio interior	intra-	intramuscular
	espacio exterior	extra-	extracomunitario
	posición opuesta	contra-	contrafuerte
否定、相对	ausencia de algo	a-/an- i-/in-/im-	analfabeto impago
	contra algo	a-/an- i-/in-/im- des- anti- contra-	anormal ilegal; inaccesible; impresentable desleal antirrobo contraindicación
	inversión de algo	des-	deshacer; desayunar
强化	cuantificación	multi- pluri- poli- mono-	multinacional pluricéntrico polimorfismo monolingüe

（续表）

分类	概念	常见前缀	举例
		uni-	unilateral; unicornio
		bi-/bis-/biz-	bianual; bisabuelo; biznieto
		tri-	trimestre
		cuatri-/cuadri-/cuadru-	cuatrillizo; cuadrúpedo
		hiper-	hipermercado
		micro-	microbús
		mini-	minicadena
	escala	sub-	subcomandante
		vi-/vice-/viz-	virrey; vicerrector; vizconde

中缀是位于派生词的中部，如viejecita就是在词根viej-与后缀-ita之间插入中缀-ec-构成的，cloiflor是在col-及-flor之间插入中缀-i-构成的。

后缀是置于词根之后的词缀。根据含义，后缀可以被分为实意后缀（sufijos significativos）和评价后缀（sufijos apreciativos）。

实意后缀可以改变词的词类及意义。常见的改变词类的派生方式包括名词派生法（derivación nominal）、动词派生法（derivación verbal）、形容词派生法（derivación adjetival）和副词派生法（derivación adverbial）四类，由于副词派生的方式主要是通过形容词性词根添加后缀-mente，方式单一，所以这里不再赘述。

派生名词的词根一般是动词、形容词和名词。按照表示的意义，名词性后缀可以分为以下几类：

表3.2　常见的名词派生方式

概念	常见后缀	举例
行为、结果	-ción	respirar > respiración
	-m(i)ento	casar > casamiento; jurar > juramento
	-(a)je	arbitrar > arbitraje; rodar > rodaje
	-dura	cerrar > cerradura; torcer > torcedura
	-e/-a/-o	comprar > compra; estudiar > estudio; cortar > corte

（续表）

概念	常见后缀	举例
	-ón	empujar > empujón
	-ada	pata > patada; cabeza > cabezada
	-azo	vista > vistazo; codo > codazo
性质、状态	-dad -ez/a -ura -ería -ismo	serie > seriedad; malo > maldad maduro > madurez; franco > franqueza alto > altura; amargo > amargura tonto > tontería analfabeto > analfabetismo
职业、工具	-dor/a -tor/a -dero/a -torio -ario/a -ero/a -ista -nte -ón/-ona	apuntar > apuntador; matar > matador conducir > conductora; dirección > directora pan > panadero; tapar > tapadera consultar > consultorio; laborar > laboratorio millón > millonario; agua > acuario leche > lechero; enfermo > enfermera pensión > pensionista; nudismo > nudista residir > residente; salir > saliente criticar > criticón
地点、位置、处所	-ía -ería -ario -ero/a -ar -al -edo/a	alcalde > alcaldía; comisario > comisaría cerveza > cervecería cuestión > cuestionario; tema > temario canción > cancionero; cristal > cristalera costilla > costillar; arroz > arrozal pera > peral vid > viñedo; álamo > alameda

派生动词的词根一般是名词、代词、动词、形容词、副词、语气词等。按照表示的意义，名词性后缀可以归纳为以下几类：

表3.3　常见的动词派生方式

概念	常见后缀	举例
动作	-ear	gota > gotear; humo > humear; blanco > blanquear ninguno > ningunear; jaleo > jalear
	a-x-ar en-/em-x-ar	blando > ablandar dulce > endulzar; botella > embotellar

（续表）

概念	常见后缀	举例
变化	-ecer	viejo > envejecer; orgullo > enorgullecer
使动	-izar	caramelo > caramelizar; legal > legalizar
	-ificar	falso > falsificar
	-itar	capaz > capacitar

派生形容词的词根主要是名词和动词，如下表：

表3.4　常见的形容词派生方式

概念	常见后缀	举例
相似性	-oso	crema > cremoso; aceite > aceitoso
结果性	-nte	sorprender > sorprendente; abundar > abundante complacer > complaciente
趋向性	-izo	enfermo > enfermizo; resbalar > resbaladizo
相关性	-es/a -eño/a -il	León > leonés Madrid > madrileña joven > juvenil
最高级	-ísimo -érrimo	guapo > guapísimo célebre > celebérrimo

除了以上几种后缀以外，还有一类特殊的用于派生的词缀，用来表达对事物的褒贬爱憎等感情色彩，叫作评价后缀。从语法特征看，这类词缀不属于严格意义上的派生词缀，因为它同时拥有派生与屈折的特点。这类词缀按照对词根产生的语义效果，分为量变（valor cuantitativo）与质变（valor cualitativo）两类如下表：

表3.5 常见的评价词缀即含义

概念	语义	后缀	举例
量变	变大	-ón -ote -aco -azo	problema > problemón; simpático > simpaticón macho > machote; feo > feote; amigo > amigote libro > libraco coche > cochazo; cuerpo > cuerpazo
	变小	-ín/-ina -ito/a -illo/a	gato > gatín; poco > poquitín; botella > botellín perro > perrito; gato > gatito; cara > carita poco > poquillo; chico > chiquillo
	变强	-ísimo/a érrimo/a	mucho > muchísimo; fuerte > fortísimo pobre > paupérrimo (pobrísimo); libre > libérrimo
质变	褒义	-ito -illo	agua > agüita; abuelo > abuelito dinero > dinerillo; chico > chiquillo
	贬义	-ete -illo -ato -ucho -orrio -uza	viejo > vejete; caballo > caballerete personaje > personajillo niña > niñata médico > medicucho boda > bodorrio gente > gentuza

关于评价词缀，要注意三个问题：

第一，由于西班牙语的多元特征，不同国家、地区可能使用不同的后缀表达同一感情，如poco的变小词，西班牙北部常见的变化方法是poquillo或poquitín，而中部和南部则更多使用poquito。

第二，由于语境的不同，同一后缀可能带来不同的语用效果，如上表中的-illo，既可以表示褒义，也可以表示贬义。

第三，由于西班牙语历史悠久，很多看似带有评价词缀的单词已经成为独立的词条，被词典收录，拥有独立的意义。这些单词与"词根"没有语义关系，例如：manitas是形容词，指"手巧"，而不是一双manos pequeñas；cerilla是"火柴"，而不是一个cera pequeña；codazo指"用肘撞，用肘击"，而不是一个codo grande；palomita是"爆米花"，而不是一只paloma pequeña；manzanilla是一种草本植物，在西班牙用来制作袋泡茶，而不是一个manzana pequeña；mantequilla是黄油，而不是manteca pequeña。

 随堂练习

1. 以下这些词是经过哪类派生产生的？

    plomizo desfigurar imprescindible europeización ropaje ligereza

2. 以-ero/a结尾的名词常常有表示"容器"的含义，如sal变为salero。依照此规则，再举出10个例子。

3. 以-ería结尾的名词常常与地点相关，如marisco变为marisquería。请举出10个例子。

4. 西班牙语中，-ito/a和-cito/a是最常见的用于表示量变的评价词缀。请观察下列词，总结出使用这两种后缀的一般规律。

    casa → casita oso → osito pato → patito corto → cortito paja → pajita noche → nochecita jefe → jefecito almuerzo → almuercito jardín → jardincito

    但是，有些词的变化方式不符合以上规则，请举出5个反例。

5. 前文表格3.1至3.5中列举了常见前缀及后缀，请再为每个词缀举出两个例子。

2）合成

合成指的是两个或两个以上的词组合成一个新词，这个新词被称为合成词（palabra compuesta）。例如，sacapuntas由saca和puntas构成，sabelotodo由sabe, lo和todo构成，correveidile由corre, ve, i (y), di和le构成。合成后的词都具有独立的含义，一般与组成部分有关。根据词根在合成词内连接的紧密程度，合成词被分为介词合成（compuesto preposicional/

sinapsia）、偏正合成（disyunción）、对等合成（contraposición）、并列合成（yuxtaposición）等4类。

介词合成指的是合成词通过介词连接而成。请大家先对比以下两组结构：

patas de gallo	patas del gallo
ojos de buey	ojos del buey
pie de imprenta	pie de la imprenta
ave de paso	ave del paso
dátil de mar	dátil del mar
estrella de mar	estrella del mar
erizo de mar	erizo del mar
pepino de mar	pepino del mar
piel de gallina	piel de la gallina
traje de luces	traje de las luces
casa de huéspedes	casa de los huéspedes

每一行两组之间最明显的区别在于左边一列的介词之后无定冠词，而右边一列的介词之后有定冠词。左边这类构成的是合成词，属于介词合成一类，而右边的是表达所属关系的短语。具体说来，patas de gallo指的是"鱼尾纹，眼角纹"，patas del gallo指的是"鸡爪子"；ojos de buey指的是"舷窗"，ojos del buey指的是"牛的眼睛"；ave de paso指的是"候鸟（也可引申为'过客'）"，ave del paso只能理解为某个走廊的一只鸟……由此可以看出，虽然左右两边结构只相差一个定冠词，但含义却大相径庭。

在这类合成词中，最常见的介词是de，但是也能见到a或en的例子，如：

olla a presión　高压锅

juguetes a pilas　电动玩具

mando a distancia　遥控器

tres en raya　井字棋

通过介词合成构成的合成词具有以下几个共同的特点：

第一，在介词后一定不能使用定冠词，这样才能减弱介词后面名词的重要性，使几个成分成为一个统一的结构。

第二，这类合成词的固定结构是"核心词+介词+修饰词"，构成的合成词与原本的核心词具有高度相关性。

第三，构成的合成词具有统一的含义，需要整体理解，而不能断章取义简单拼接几个词汇的含义。

第四，这类合成词主要作为专业术语使用，口语及非正式文体中使用相对较少。

偏正合成的词一般是"名词+名词"的形式，两个词之间保持空格，如：

coche cama

cama nido

guerra civil

palabra clave

país miembro

pez espada

agua nieve

salón comedor

这类合成词的特点是：

第一，第一个名词为核心词，受第二个词修饰；构成的新的合成词与第一个名词同属一物。例如，pez espada（剑鱼）是一种pez，coche cama是一种coche，palabra clave是一种palabra。

第二，这类合成词在变复数时，常见的情况是只将第一个名词变为复数，第二个保持单数（如 coches cama，países miembro）；但个别合成词的两个名词都可以变为复数（如palabras clave及palabras claves都是正确的）。区别的根源在于词汇化（lexicalización）与语法化（gramaticalización）的程度：如果趋向于词汇化，则仅将第一个词变为复数；如果趋向于语法化，则整个结构统一看待，两个名词都可以变为复数。

除了名词搭配外，也能见到"名词+形容词"的形式，如：

pájaro bobo

pájaro loco

rosa silvestre

agua fuerte

aguas mayores/menores

agua dulce

marea muerta/viva

camión cisterna

在学习这类合成词的时候，也同样要注意，合成词的含义并非是两个成分的简单叠加：pájaro bobo并不是一只傻鸟，pájaro loco也不是疯鸟，agua fuerte也不是有力量的水。

对等合成通过连字符连接两个形容词，这两个词有同等的重要性，可调换位置，如：

político-económico

práctico-teórico

在这类合成词中，连字符连接的两个成分同等重要，可互换位置，所以un examen práctico-teórico同样可以说成un examen teórico-práctico；relaciones diplomático-económicas同样可以说成relaciones económico-diplomáticas。

并列合成构成的合成词是所有合成词中占比最大的，其构成成分的灵活性也是最大的。并列合成词最大的特点是要书写为一个统一的词条，中间不能插入连字符或空格，如：

paraguas

carricoche

malcasar

这类合成词常见的组成方式包括：

N. + N. > N.: carricoche, coliflor

V. + N. > N.: hincapié, matamoscas, sacacorchos, afilalápices, paraguas, paracaídas

V. + Adv. > V.: mandamás, catalejo

Adv. + V. > V.: malcasar, menospreciar

Adv. + Adj. > Adj.: malaconsejado, bienintencionado

V. + V. > N.: compraventa, duermevela

Prep. + N. > N.: sinrazón, traspié

 随堂练习

1. 按照下列合成词构成规则举例（每种至少5个）。

(1) N. + Adj. → Adj.

(2) N. + N. → N.

(3) V. + N. → N.

(4) Adj. + N. → N.

(5) Adv. + V. → V.

(6) Prep. + N. → N.

2. 说出下列词属于哪种合成类型。

rompecabezas   cumpleaños   hispano-americano   casa cuartel   rojo carmín

3. 根据合成词结构推测其含义，再查词典确认。

(1) betún de Judea

(2) conejillo de Indias

(3) letra de cambio

(4) azul de metileno

(5) conferencia de prensa

(6) goma de mascar

(7) martillo de agua

(8) silla de ruedas

(9) toro de lidia

(10) hoja de lata

3）混合法

在构词法中，混合法包含两种方式。一是同时为词根添加前缀和后缀，如atardecer是同时在词根tarde上添加前缀a-和后缀-ecer；enriquecer是同时在词根rico上添加前缀en-和后缀-ecer。二是同时利用派生与合成的方法构成新词，如形容词quinceañero是通过año > añero（派生）与quince + añero（合成）构成的，picapedrero是通过piedra > pedrero（派生）与pica + pedrero（合成）构成的。

课外阅读
关于构词法中的混合法，请阅读下文。
Título: "La parasíntesis en español"
Disponible en:
<https://dialnet.unirioja.es/servlet/articulo?codigo=148746>

随堂练习

以下三个词在语义上具有可比性，书写形式上具有相似性，但是从词法特征上看，有一个与另外两个完全不同。根据所学的知识，找出结构不同的那个词。

amanecer　atardecer　anochecer

3.5.2 非词法构成

非词法构成包括旧词新用（revitalización）、拟声造词（creación onomatopéyica）、外语借词（préstamo lingüístico）、断词（acortamiento）、首字母造词（sigla）、缩略语（acrónimo）、缩写词（abreviatura）等7种方式。

1）旧词新用

有的词曾被放弃使用，但由于交际需要，人们又赋予了它新的意义而重新使用。对于这样的词来说，虽然形式未变，但由于有了新的意义，也会被当作新词。以azafata一词为例，现在指的是"空姐，礼仪小姐"，然而，在皇家语言学院1726年的词典中，它的解释是：

AZAFATA. S. f. Oficio de la Casa Real, que sirve una viuda noble, la qual guarda y tiene en su poder las alhájas y vestídos de la Réina, y entra a despertarla con la Camaréra mayor, y una señora de honór, llevando en un azafáte y demás cosas que se ha de poner la Réina, las quales vá dando à la Camaréra mayor, que es quien la sirve. Llámase Azafáta por el azafáte que lleva y tiene en las manos mientras se viste la Réina. [...]

2）拟声造词

拟声造词是指通过模拟自然界的声响而创造词汇，世界上所有语言都拥有拟声词。然而，由于人们的认知不同，同一声响在不同的语言中可能表现出不同的音质特征。以下面几种动物的叫声为例：

动物	语言			
	西班牙语	法语	英语	德语
鸡	quiquiriquí	cocorico	cock-a-doodle-doo	kikeriki
猫	miau	miaou	meow	miau
驴	igaaah	hi-han	hee-haw	iah
奶牛	muuu	meuh	moo	muh
猫头鹰	wuwoowo	hou-hou	hoo-hoo	schu-huu

西班牙语中常见的拟声词主要有：

咀嚼声	chiquichaque
钟表声	tac tac; tic tac
乐器声	chinchín; ran; rataplán; talán talán; tan tan; tantarantán; tarará; tararí; tintín; tintirintín; tururú; turuturutu; turuturutú
各种噪声	chacachaca; chasquido; chiquichaque; chirriar; chis chas; chischás; frufrú; rechinar; ris ras; tac tac; tic; tric; trique; triquitraque; tris; tris tras
撞击声	chas; paf; pum; tras tras; zas; zis zas

一般说来，通过拟声造词法创造的新词主要出现在口语及连环画中，但的确也能见到不少文学作品，特别是诗歌中巧用拟声词的例子。请看Federico García Lorca这首小诗：

    Uco, uco, uco.

    Abejaruco.

以及Antonio Machado的这首：

    Crótalo.

    Crótalo.

    Crótalo.

    Escarabajo sonoro.

诗中uco、crótalo都是拟声造词法创造的新词。

3）外语借词

借词是指从其他语言中引入的词，有时保持书写方法不变，如*croissant*，*show*，*boy*，*pizza*，*pack*等。有时会将外语词西班牙语化（españolizar/castellanizar），在写法及发音上加以调整，如bonsái（盆栽），sushi，salón等。

4）断词

断词是指取单词中某一部分音节来代替整个单词的意义，这种用法主要用于口语中，例如：

原词	断词
automóvil	auto
biblioteca	biblio
bicicleta	bici
cariño	cari
cinematógrafo	cine
Coca-Cola / cocaína	coca
depresión	depre
fotografía	foto
muchacho	chacho
motocicleta	moto
radiotelefonía	radio
kilogramo	kilo
otorrinolaringólogo	otorrino
televisión	tele
metropolitano	metro

película	peli
peluquería	pelu
pequeño	peque
piscina	pisci
taxímetro	taxi
universidad	uni

也经常用于人名，表示亲昵，如：

Federico	Fede
Felisa / Felicidad / Feliciana	Feli
Rafael	Rafa
Teresa	Tere
Martina / Agustina	Tina
Fernando	Fer/Nando

5）首字母造词

这种用法一般出现在专有名词短语中，摘出每个单词的首字母构成一个单位，例如：

Documento Nacional de Identidad	DNI
Organización del Tratado del Atlántico Norte	OTAN
Objeto Volante No Identificado	OVNI

当组成的新词不具备拼读音节时，则按字母依次读出，如上面的DNI（读音/deneí/）。有时，为了避免这种现象，使新词更容易拼读，选取辅音字母时会有意保留首字母外的元音字母。例如，RENFE的全称是 **R**ed **N**acional de **F**errocarriles **E**spañoles，可以看出，第一个词中取了前两个字母。

6）缩略语

缩略语是利用第一个词的首音节与第二个词的全部音节或尾音节造词。例如：

docudrama	docu(mental) + drama
portuñol	portu(gués) + (espa)ñol
dramedia	dra(ma) + (come)dia

这种方法有时用来表示讽刺意义或幽默效果，例如，由burro和burócrata构成的burrócrata，由analfabeto和bestia构成的analfabestia。

7）缩写词

缩写词是在原词上截取一部分字母或音节片段，被广泛应用于各种文体中。缩写词数量庞大，我们只举一些常见的例子：

antes de Cristo	a. C. / a. de. C.
biblioteca	Bibl.
calle	c. / c/ / cl.
céntimo	cént.
código postal	C. P.
departamento	depto. / dpto.
doña	Dña. / D.ª
Juegos Olímpicos	JJ.OO.
número	núm. / n.º / nro.
plaza	pl. / plza. / pza.
usted	U. / V. / Ud. / Vd.
versus	vs.

随堂练习

1. 以下几个是常见的西班牙语人名，你知道他们分别是哪个或哪些名字的简短形式吗？

   Conchi   Quique   Coque   Merche   Toño   Toni   Maritere   Maite   Rafa
   Nando   Fran   Pe   Paqui   Fina   Tere   Guada   Berto   Veva   Fer

2. 对下列缩略形式进行分类。

a. de. C.	DÍA	docudrama
Fede	Dña.	auto
c /	dramedia	JJ. OO.
RENFE	vs.	Rafa
cine	Bibl.	DNI
biblio	otorrino	C. P.

   (1) acortamiento:

   (2) sigla:

   (3) abreviatura:

   (4) acrónimo:

3. 列举通过首字母造词法构成的5个西班牙品牌名称（如连锁超市品牌DIA来源于Distribuidor Internacional de Alimentos）。

第四章　句法

Decir lo que sentimos. Sentir lo que decimos.
Concordar las palabras con la vida.

Séneca

组词造句就像玩拼图游戏一样，要想正确地拼出图形，就需要清楚碎片之间的衔接规则、组合方式。词与词不能随意组合，需要遵循一定的法则。句法研究的正是不同成分相连接从而组合成句子的规则。在学习句法之前，我们先来做几个思考题。

首先，请大家翻译以下两句话：

(1) Me trajo un mapa de Italia.

(2) Una mujer golpeó a un hombre con maletín.

现在，请和你的同桌交流一下各自的汉语译文，看看是否有什么不同？接下来，请分析一下下面的横线上应该使用哪个代词形式。

(3) A María _____ (la/le) obligo a lavarse los dientes antes de acostarse.

最后，请想一想，为什么在汉语中可以在同一个句子中使用"虽然"和"但是"，而在西班牙语中不行呢？例如，为什么下面这两句话，汉语是正确的，而西班牙语是错误的？

(4) 虽然我不太愿意，但最后还是做了。

(5) *Aunque no me apetecía, pero al final lo hice.[①]

以上这些问题其实都和句法相关，在学完本章之后，大家就可以解答以上这些以及更多的问题了。

4.1 句法及其研究单位

西班牙语的sintaxis一词来源于希腊语的συντάσσειν（syntássein），意为disponer conjuntamente或ordenar，在语言学研究中，意为句法或句法学。在句法研究中，常用到以下几个术语，我们务必要区分清楚。

4.1.1 enunciado

enunciado指的是用于交际的最小信息（mensaje mínimo），它可以是

---

① 西班牙语的语法书中，一般在句首加星号表示一个句子有语法问题。

一个词，也可以是多个词的组合。如：

(1) ¿Sí?

(2) Uyuyuyu.

(3) ¡Qué dices!

(4) Si tuviera dinero ...

(5) No necesito que me compres nada.

每一个enunciado都能表达完整的思想，具有独立的语调，并且在书写中有句号、叹号、问号等标记。请对比以下几组例子：

(6) a. fuego

    b. ¡Fuego!

(7) a. No sabes eso.

    b. ¡No sabes eso!

    c. ¿No sabes eso?

可以看出，在(6)中，a是palabra，而b是enunciado，因为b中的fuego能表达完整的思想（命令开火、射击），具有独立的语调（a中的fuego只有重音，没有语调），并且有叹号标记。

例句(7)中，a，b，c句都是enunciado，每句所要表达的思想以及体现出的语调均不同。

根据是否含有变位动词，enunciado可分为frase和oración，前者不含变位动词，如上面的例(6)；后者含有变位动词，如例(7)中的3个句子。

课外阅读

关于oración的概念，请阅读下文。

Título: "En torno al concepto de oración"

Disponible en:

<http://dehesa.unex.es/handle/10662/3554>

第四章 句法

由于各语言的结构差异，以及不同语言学派的使用习惯，frase具有很多不同的含义。在本教材中，为了方便描述西班牙语的特征，在不需要特别区分的情况下，我们把enunciado，frase及oración都泛称为句子；在有必要区分清楚，或者有可能产生歧义的环境中，我们会将enunciado称为句子，frase称为无谓句，oración称为有谓句，或者直接使用这三个西班牙语术语。

根据说话人的态度（即语气），任何一个enunciado都可以归属为以下6种中的某一类（见表4.1）：

表4.1 说话者的态度及例句

Actitud del hablante 说话者态度	Ejemplos 例句
enunciativo/阐述	No tengo ni idea.
interrogativo/疑问	¿A qué hora tienes la fiesta?
exclamativo/感叹	¡Qué me estás contando!
desiderativo/意愿	Que lo pases bien.
imperativo/祈使	Vete.
dubitativo/疑惑	A lo mejor lo hizo Elena.

表达阐述态度的句子可以是肯定句（afirmativo），也可以是否定句（negativo）；所传递的信息可以是真实的，也可以是虚假的。

在表达疑问语气的句子中，有一类并不需要听话人做出回答，这类疑问句恰恰隐藏着阐述的语气。如：

(8) ¿Quién sabe?

其隐藏的含义是Nadie sabe。这类句子叫作修辞疑问句（interrogativa retórica，即中文所说的反问句）。

在表达感叹语气的句子中，也有一类虽然以感叹句的形式出现，但是表达的是相反的、否定的含义，如：

(9) ¡Sí, hombre!

这句话实际表达的是No。这类感叹句称为修辞感叹句（exclamativa retórica）。

这里需要强调的是，我们之前学过西班牙语中的式，也叫语气，有三种：陈述式（直陈式）、命令式（祈使式）和虚拟式。而这里又出现了6种语气，因为"式"是按照动词的变位方式来区分的，这里的语气是按照说话者的态度来区分的，所以二者有部分交集。以命令式和命令语气的句子为例：

(10) Tú, tranquilo.

(11) Se ruega silencio.

(12) Mantente tranquilo.

以上三句均表达命令语气，但是只有例句(12)是命令式。

 随堂练习

找出下面这篇短文中的frase及oración，并判断其语气。

El cartero llamó al timbre.

—¡Abre, Riqui!

—¡No puedo, mamá! ¡Hace mucho frío!

—¡Mecachis con el crío! —Y gritaba dirigiendo la voz hacia el piso superior—. ¿Bajas a abrir, Silvia?

Silvia estaba muy concentrada, leyendo el primer volumen de En busca del tiempo perdido, de Marcel Proust, prodigiosa obra maestra de la literatura mundial.

Volvieron a llamar a la puerta. La madre gritaba.

—¿Es que nadie puede ir a abrir la puerta? ¡Silvia!

改编自 *El cartero siempre llama mil veces* (2001)

4.1.2 sintagma/grupo sintáctico

在西班牙语句法研究中，常用到sintagma这个术语，它指的是由一个或多个词组成的能起到一定句法作用的结构。皇家语言学院在2009年的语法专著*Nueva gramática de la lengua española*中，已将该名称替换为grupo sintáctico，在本教材中，我们将其称为词组。

在每个短语中，一定含有一个核心词（núcleo），这个核心词可以是名词、形容词、副词等。当核心词是名词时，构成的词组就是名词性词组（grupo nominal），如：

(1) aquella *chica* que te saludó

(2) la *casa* de tu tío

当核心词是动词时，构成的词组就是动词性词组（grupo verbal），如：

(3) *Dijo* que no le gustaba.

(4) *Pasó* un fin de semana fantástico.

同样，还有形容词性词组（grupo adjetival）、副词性词组（grupo adverbial）、语气词词组（grupo interjectivo）、介词词组（grupo preposicional），如表4.2：

表4.2 词组种类及例句

Tipos de grupos 词组种类	Ejemplos 举例
grupo adjetival	muy *preocupado* por su hijo demasiado *cansado*
grupo adverbial	bastante *lejos* de aquí *cerca* de casa
grupo interjectivo	¡*Ay* de mí!
grupo preposicional	*desde* la ventana *contra* los enemigos

以上每一个词组都可以成为另一个词组的组成部分，每一个词组也可

拆分为更底层的词组，如：

Tu tía se levantó a las siete en punto.
- núcleo: tía
- núcleo: levantó
- grupo preposicional: a las siete en punto
- grupo nominal: Tu tía
- grupo verbal: se levantó a las siete en punto

> **课外阅读**
>
> 对于形容词性词组（如 ser capaz de）的结构可以如何理解？请阅读下文。
>
> Título:"La estructura del sintagma adjetivo: Adjetivo+ de+ X"
>
> Disponible en:
>
> <https://dialnet.unirioja.es/descarga/articulo/6914206.pdf>

 随堂练习

对以下句子进行词组及核心词的切分。

(1) El autobús de mi barrio siempre llega con retraso.

(2) Tráeme una taza de té.

(3) Los alumnos jugaban al fútbol en el campo.

(4) ¡Qué sé yo!

(5) Yo que tú, no lo haría eh.

4.2 功能

在句法研究中，功能（funciones）指的是句子的组成部分在句中所承担的作用，表现了组成部分之间的关系。对句子含义的理解，不仅仅取决于句子组成部分的含义，还取决于组成成分在句中的作用，或者组成成分之间的相互关系。以下面这句话为例：

Llegará el fin de semana.

这个句子既可以理解为某人周末会来，也可以理解为周末就要到了。之所以能有两个不同的解释，是由于el fin de semana的功能不确定造成的。

一般说来，功能可以从句法、语义及信息这三个层面进行分类。

4.2.1 句法功能

句法功能（funciones sintácticas）通过词序（orden de palabras）或一致（concordancia）等形式标记来体现。西班牙语中，一个句子（oración）总体上由主语（sujeto）和谓语（也称述语，predicado）这两个部分组成，其他成分的主要功能是补充说明这两部分（图4.1）。

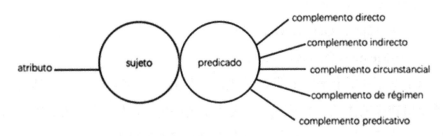

图4.1　西班牙语句法修饰关系

课外阅读

西班牙语中如何进行句法划分？请阅读下文。

Título:"Sobre algunas estrategias en el análisis sintáctico"

Disponible en:

<www.gruposincom.es/manueliglesias/Estrategias%20sintacticas.pdf>

1）主语

一般说来，每个句子（oración）都是由主语和谓语组成的，如表4.3：

表4.3 主语及谓语举例

Sujeto 主语	Predicado 谓语
Mi madre	no sabía hacer eso.
El año que viene	empiezo la universidad.
¿Qué	has dicho?

但是，由于西班牙语是屈折语，所以在不造成歧义的情况下可以省略主语，这就形成了零主语或主语隐藏（sujeto elíptico/sujeto omitido/sujeto tácito）的现象。虽然主语被省略，但是由于动词变位需要与主语的人称和数保持一致，所以可以判断出被省略的主语是谁。如：

(1) —¿Adónde vas $\emptyset_1$?

—Al súper. ¿Quieres $\emptyset_2$ algo?

—¿Me traes $\emptyset_3$ una Coca-Cola?

以上对话中，虽然$\emptyset$处省略了主语，但是我们完全可以通过动词的特征还原出缺少的主语。相应的，大家可以想一想，汉语并非屈折语，动词缺少形态特征，但是汉语中是否存在主语省略的现象？

在一句话中，主语可以由名词、代词、名词性短语、自由关系句[relativas libres，如例句(5)]、半自由关系句[relativas semilibres，如例句(6)]、原型动词、感叹句、疑问句等担任，如：

(2) *Juan* es muy serio.

(3) En esta casa nunca falta *pan*.

(4) *Ninguno de los dos* es médico.

(5) *Quien trabaja con afán* pronto ganará su pan.

(6) Ganará 10.000 euros *el que llegue primero*.

(7) *Lo que dijiste* no es verdad.

(8) Me alegro de *que te haya gustado*.

(9) No sabemos *si va a llover*.

(10) No me interesa *quién ha dicho eso*.

需要注意的是，主语之前不能使用介词。虽然可以见到以下例句：

(11) *Hasta los niños de cinco años* saben hacerlo.

(12) Vamos a levantar el sofá *entre tú y yo*.

但是斜体部分并非是句子的主语。第一句中的hasta相当于incluso的用法，因此是副词而不是介词；第二句中的entre tú y yo表示一种方式，可以替换为así，因此也不是主语，而是双重补语——既修饰动词表方式，又修饰主语nosotros。

课外阅读

西班牙语中，主语的位置不仅仅是语法问题，也是语用问题。关于这一点，请阅读下文。

Título: "Verbo transitivo, verbo intransitivo y estructura del predicado"

Disponible en:

<https://dialnet.unirioja.es/descarga/articulo/902149.pdf>

与主语相关的另一个较为突出的问题是，主语是否需要被限定。一般说来，如果主语位于谓语之前，一般需要明确的所指，因此需要由专有名词、代词或被限定的普通名词来承担，如：

(13) *Juan* no cocina.

(14) ¿*Ustedes* saben bailar?

(15) a. Mis vecinos son muy simpáticos.

　　 b. *Vecinos son muy simpáticos.

主语位于谓语之前时，在一种特殊情况下普通名词可以不被限定而作主语，那就是以并列形式构成的词组。此时，并列词组自身携带明确的所指功能，如：

(16) *Marido y mujer* son una sola carne, un solo corazón, una sola alma.

(17) Cuando *padre y madre* trabajan fuera de casa, tienen que acudir a una persona que se haga cargo de los hijos.

当然，这种情况下，普通名词被限定也是正确的。如：

(18) *El marido y la mujer* son una sola carne, un solo corazón, una sola alma.

(19) Cuando *el padre y la madre* trabajan fuera de casa, tienen que acudir a una persona que se haga cargo de los hijos.

当主语后置于谓语时，如果句子是被动语态，一般情况下主语无须被限定，如：

(20) Se alquilan *pisos*.

(21) Han sido detenidas *personas* de otras nacionalidades.

如果句子是主动语态，一般情况下主语需要被限定，如：

(22) Me besó *el jefe*.

但是，当谓语是由表示现象、存在等概念的动词（如entrar，llegar，morir，nacer等）构成时，不可数名词的单数形式或可数名词的复数形式作主语，可不受限定，如：

(23) Muere *gente* todos los días.

(24) También llegan *visitantes* los domingos.

(25) Brotaba *agua* en abundancia.

2）谓语

谓语（predicado）用于表达与主语有关的动作、过程或状态，如：

(26) María *está haciendo sus deberes*.

(27) *Me voy a duchar*.

在谓语的基础上，还可以再细化出动词的其他补充成分（complementos）。

课外阅读

关于谓语和及物动词、不及物动词的问题，请阅读下文。

Título: "Verbo transitivo, verbo intransitivo y estructura del predicado"

Disponible en:
<https://dialnet.unirioja.es/descarga/articulo/902149.pdf>

3）直接宾语

直接宾语（complemento directo，缩写为CD）用于补充、完善动词的意义，可被宾格代词指代。如：

(28) Luego *te* llamo.

(29) Busca *(una) secretaria*.

如果主语和直接宾语所指为同一事物，则宾格代词应替换为反身代词的形式，如：

(30) a. La madre vistió al niño.

　　　b. La madre se vistió.

b句中，se是直接宾语。

当直接宾语由有生命的并且被限定的名词担任时，需要使用介词a引入，如：

(31) a. No encuentro mi móvil.

　　　b. No encuentro *a* mi gato.

但是，当直接宾语具有生命但不被限定或无法认定时，一般也不需要介词a来引出。请对比：

(32) a. Necesita (una) camarera.

　　b. Necesita *a* una camarera.

a句中的camarera可以是任何一个，说话人在表述时心里没有概念；b句中的camarera由于由介词a引出，说明已经比较确定。正因为这样，两个句子后面如果连接que从句，从句中动词使用的式是不同的。如：

(33) a. Necesita (una) camarera que *sepa* inglés.

　　b. Necesita *a* una camarera que *sabe* inglés.

另外，对于有些可以同时带直接宾语和间接宾语的动词（如presentar，entregar，recomendar等），一般在直接宾语前省略介词a。如：

(34) Los vecinos entregaron el ladrón al policía.

(35) Tenemos que llevar el niño al pediatra.

4）间接宾语

间接宾语（complemento indirecto，缩写为CI）补充的是动词的目的地、接受者等信息，可被与格代词替代。如：

(36) Regalé un libro *a mi amigo*.

(37) Envió una carta *a su hija*.

课外阅读

对于间接宾语的定义学界存在分歧，请阅读下文。

Título: "Hacia una nueva definición del complemento indirecto en español"

Disponible en:

<https://www.raco.cat/index.php/EstudiGral/article/viewFile/43638/56077>

如果主语和间接宾语所指为同一事物，则与格代词应替换为反身代词的形式，如：

(38) María *se* lava la cara.

此句中的se为间接宾语。

同样，在表示相互概念的句子中，如：

(39) Lucas y su novia se enviaban cartas todas las semanas.

(40) Lucía y yo nos saludamos.

反身代词虽然用于表示相互，但从句法功能上看，起到的是间接宾语的作用。当然，在有些语境下使用反身代词的形式可能会产生歧义，如：

(41) Ana y Sofía se ponen el sombrero.

这句话是表示Ana和Sofía自己戴上帽子，还是相互戴帽子？为了避免这类歧义，可以使用a sí mismos，entre sí，mutuamente，el uno al otro等词组来加以说明。如：

(42) Ana y Sofía se ponen el sombrero *la una a la otra*.（表示相互完成）

(43) Ana y Sofía se ponen el sombrero *a sí mismas*.（表示自己独立完成）

另外需要注意，当间接宾语不由与格代词或反身代词承担时，必须用介词a引导出来。如：

(44) Le compré una flor para mi madre.

此句中le并不是指代para mi madre，而是指代a mi madre。

5）介词补语

介词补语[complemento de régimen (preposicional)，缩写为CR]是受动词的要求而必须通过介词来引导出的其他补充成分。在西班牙语中，存在大量这样的动词。总体来说，这种动词可分为三类，一是代词式动词，如：

abalanzarse sobre	alegrarse de	caracterizarse por
acordarse de	asustarse de	casarse con
acostumbrar(se) a	alejarse de	entrometerse en
adelantarse a	arrepentirse de	enterarse de
adentrarse en	atreverse a	fijarse en

ocuparse de/por	preocuparse de/por	reírse de
olvidarse de	quejarse de	

二是不及物动词（或者及物动词的不及物用法），如：

acceder a	cuidar de	pensar en
bastar con	depender de	preferir a
confiar de/en	disponer de	preguntar por
contar con	influir en	renunciar a
convencer de	insistir en	soñar con
creer en	oler a	

三是及物动词，如：

comprar CD con	defender CD de	obligar CD a
confundir CD con	informar CD de	cometer CD a
decir CD de/sobre	invitar CD a	

在这三类情况中，特别要注意的是第三点，因为大家在学习的时候往往把这类动词所携带的介词补语认定为直接宾语，从而把原本的直接宾语误认为是间接宾语。以obligar一词为例，我们想一下，以下这句话可以怎样翻译？

(45) 我们不该强迫她做她不愿意做的事。

常见的错误写法是：

(46) *No debemos obligarle a hacer lo que no quiere.

因为很多同学把a hacer lo que no quiere认定为obligar的直接宾语，人称"她"自然成为间接宾语，使用与格形式le。其实，按照上面讲过的，a hacer lo que no quiere是obligar的介词补语，人称"她"才是真正的直接宾语，所以，这句话应该写成：

(47) No debemos obligarla a hacer lo que no quiere.

另外一点需要注意的是，不能机械地认为动词后面连接了介词就构成了介词补语，很多时候需要通过语义去分析，看看介词部分是否和动词连接成了一个整体，表达固定的含义。请对比：

(48) a. Habló sobre la situación.

　　　b. Habló sobre la plataforma.

(49) a. Acabó con la prisa.

　　　b. Acabó con prisa.

很显然，两个a句中，介词引导的是介词补语，hablar con和acabar con分别构成独立的结构，拥有固定的含义；两个b句中，介词部分构成的是景况补语（即汉语中所说的状语），sobre意为"在……上"，con prisa意为"快速地"。

课外阅读

如何辨认西班牙语中的介词补语一直是一个难点，关于这个问题，请阅读下文。

Título: "El complemento de régimen preposicional: criterios para su identificación"

Disponible en:

<https://idus.us.es/xmlui/bitstream/handle/11441/21885/file_1.pdf?sequence=1>

6）修饰语

修饰语（atributo）常常被称为表语，并且被认定为用在联系动词（verbos copulativos）之后，用来说明主语的身份、特征和状态，但是这一观点在西班牙语中是不太成立的。本教材从atributo的本义出发，将其称为修饰语。

西班牙语中，修饰语可以出现在以下结构中（图4.2）。

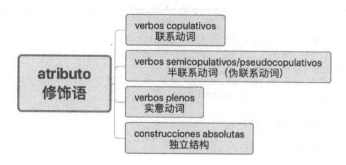

图4.2　修饰语搭配结构

首先是与联系动词连用。西班牙语中有三个联系动词：ser，estar及parecer。如：

(50) Su hijo es *un cielo*.

(51) Está *triste*.

(52) La tortilla parece *rica*.

其次是与半联系动词（verbos semicopulativos）或伪联系动词（verbos pseudocopulativos）连用。这类动词主要包括表示状态改变的变化类动词，如hacerse，volverse，ponerse及quedar(se)；表示连续、持续的动词，如andar，continuar，mantenerse，seguir等；表示实际状态的动词，如encontrarse，hallarse，mostrarse，presentarse等。如：

(53) Se hizo *rico*.

(54) María se volvió *loca*.

(55) ¿Sigues *ocupado*?

(56) Me encuentro *fatal*.

第三类是与一些实意动词连用，此时的修饰语处于同时修饰主语和谓语动词的特殊状态，一般也被称为双重补语（complemento predicativo）。如：

(57) Lucas llegó a casa *cansadísimo*.

课外阅读
关于complemento predicativo的问题，请阅读下文。
Título: "En torno a la sintaxis y la semántica de los complementos predicativos en español"
Disponible en: <https://dugi-doc.udg.edu/bitstream/handle/10256/5622/43635.pdf?sequence=1>

第四类是用在独立结构（construcciones absolutas）中，如：

(58) *Terminadas las tareas*, se fue a la cama.

能够承担修饰语功能的句法单位主要包括形容词、名词（包括原型动词）、介词短语、副词短语以及从句。如：

(59) Soy *chileno*.

(60) Vivir es *sufrir*.

(61) José es *médico*.

(62) Estamos *de vacaciones*.

(63) ¿Estás *bien*?

(64) Lo dejé *delante*.

(65) Estás *que te sales*.

(66) Vimos al gato *que salía corriendo*.

7）景况补语

景况补语（complementos circunstanciales，缩写为CC）即汉语所说的状语，用于补充说明与动词相关的信息。从意义上看，景况补语主要包括以下几类（见表4.4）：

表4.4 景况补语种类及例句

Tipo 类别	Ejemplos 例句
CC de tiempo	Nos vemos *esta tarde*.
CC de lugar	Estudiamos *en la Universidad de Pekín*.
CC de modo	¿Lo sabes *de memoria*?
CC de cantidad o grado	Me ha gustado *un mogollón*.
CC de compañía	Esta noche salgo *con una amiga*.
CC de instrumento	Lo cortó *con un cuchillo* muy afilado.
CC de medio	Comunicábamos *a través de Internet*.
CC de materia	Comemos *con palillos*.
CC de finalidad	¿*Para qué* sirve?
CC de beneficiario	Compré una mascota *para mi mujer*.
CC de causa	Lo hizo *por ti*.

承担景况补语的语法单位，可以是名词、副词、介词短语以及从句。如：

(67) Has cenado *mucho*.

(68) Murió *un sábado*.

(69) Lo conozco *desde pequeño*.

(70) Te lo dije *para que no te enfadaras*.

以上几类是西班牙语中主要的句法功能。大家在学习西班牙语时可以主动地划分句子的句法功能，这样能够加深对西班牙语语言结构特点的认识。

 随堂练习

识别以下句子中画线部分的句法功能。

(1) Me interesa mucho el partido de esta tarde.

(2) La falta de mano de obra cualificada ha hecho difícil el trabajo.

(3) Se creía de ligero todo lo que le explicaba sin preocuparse de corroborarlo.

(4) Se asustó de mi reacción tan violenta.

(5) Asusté a los vecinos con el disfraz de zombi.

(6) En la segunda clase se habló del origen del español.

(7) ¿No está en la piscina tu tío?

(8) Había algunos alumnos muy participativos en aquel grupo.

(9) Nos ha hecho muy mal tiempo en Madrid durante la Semana Santa.

(10) Lo encontraron herido en la carretera.

4.2.2 语义功能

请先看两个例句：

(71) a. El perro me ayudó a salir del laberinto.

　　b. *El perro me ayudó a corregir los exámenes.

从句法功能看，两句的特征基本相同：主语都是el perro，谓语都是me ayudó a [...]，ayudó与el perro保持人称与数的一致。但是，为什么第二句话看起来有些问题呢？原因就在语义上：一只狗可以引路，帮人离开迷宫（例句a），但是正常情况下很难理解一只狗怎么能帮人批改试卷（例句b）。由此可以看出，即使符合句法要求的句子，如果不满足语义要求，句子仍然不成立。

语义功能（funciones semánticas）用于解释谓语及句子的其他组成部分之间的语义关系。例如：

(72) Un chico abrió la puerta.

(73) Un golpe de viento abrió la puerta.

(74) Una llave abrió la puerta.

通过对比以上三句我们可以发现，虽然从句法功能看，句子的结构相同：都是由主语（un chico, un golpe及una llave）加谓语（abrió la puerta）构成，但是从语义上看，三个主语所承担的语义功能是不同的：

(72)句中，un chico是动作abrió的发出者，即施动者（agente）；(73)句中，un golpe既可以理解为动作的发出者，也可以理解为动作发生的原因（causa）；(74)句中，una llave既不是动作的发出者，也不是动作发生的原因，而是动作完成的工具（instrumento）。由此可以看出，同一个句法功能可能对应不同的语义功能，反之亦然。

除了上面见到的三个功能外，常见的语义功能还有：直接接收谓语动作的受动者（paciente）、间接接收谓语动作的目的者（destinatario），以及完成谓语动作使用的工具（instrumento）等。以下举例进行说明（见表4.5）：

表4.5　语义功能种类及例句

Funciones 功能	Ejemplos 例句
agente/施动者	*Luis* murió en una madrugada.
paciente/受动者	Compré *un libro*.
causa/缘由	*Tu comentario* me hizo reflexionar.
experimentante/受试者	*Me* duele mucho la tripita.
destinatario/目的者	*Le* di dos euros para comprar el pan.
beneficiario/受益者	Preparé una cena riquísima *para mi mujer*.
origen (fuente)/起源	Vino *de Madrid*.
término (dirección)/方向	El gato se acercó *al ratón* silenciosamente.
tiempo/时间	Partimos *a la noche siguiente*.
lugar/地点	Mis padres están de vacaciones *en España*.
instrumento/工具	¿Comes la sopa *con palillos* también?

需要说明的是，在很多语境下，同样一个成分可能同时具有多个语义功能，如：

(75) Compré un ramo de flores a una florista para María.

句中的a una florista既可以是fuente，也可以是término；para María既可以是destinatario，也可以是beneficiario。

 **随堂练习**

识别以下句子中画线部分的语义功能。

(1) El repartidor entregó <u>los paquetes</u> esta tarde a mis padres con mucho cuidado.

(2) Me ocuparé de <u>ese asunto</u> la semana próxima.

(3) <u>El jefe de la empresa</u> tiene encantados a todos sus colaboradores.

(4) Tu amigo Vicente insiste en <u>la compra de ese ordenador</u> desde hace un año.

(5) El presidente nos dedicó <u>el premio</u>.

(6) <u>Anteriormente</u> viajó a Chile.

(7) La música da <u>alas</u> a la poesía.

(8) Allí las escribió <u>Julio Cortázar</u>.

(9) <u>Los tres mejores alumnos</u> ganarán un lote de libro.

(10) Las olimpiadas son <u>una prueba de conocimiento</u>.

4.2.3 信息功能

请先对比以下三组例句：

(76) a. 客人来了。

　　b. 来客人了。

(77) a. Vi a Luis ayer por la noche.

　　b. Ayer por la noche vi a Luis.

(78) a. A mi mujer le encantan los gatos.

　　b. A mi mujer, le encantan los gatos.

可以看出，每组中两个句子组成部分的句法功能及语义功能完全相同：在(76)的两句中，"来"是谓语，"客人"是主语，表施动；在(77)中，vi是谓语，a Luis是直接宾语，表受动，ayer por la noche是表示时间的景况补语；在(78)中，a mi madre是间接宾语，表受试，encantan是谓语，

los gatos是主语，表缘由。但是，即便如此，大家也可感受到每组两句的含义是不同的。那么，是什么原因造成这样的结果呢？这就需要了解功能的第三个维度——信息功能（funciones informativas）。信息功能就是从听话人理解信息的角度对组成句子的成分进行分类。

从信息的角度看，句子可分为两部分：已经出现在前述话语或者语境中、说话人认为对听话人来说是已知的信息（información temática/tema），以及前述话语中没有出现、说话人认为对听话人来说是未知的信息或新信息（información remática/rema）。回到前面的例句，虽然句子(76)a和(76)b都由"客人""来"和"了"组成，但是由于成分的顺序不同，造成信息的已知与未知的特点不同。西班牙语和汉语中，很多情况下将已知信息放置在句首，将未知信息置于句末。因此，在"客人来了"中，客人是已知信息，"来了"是新信息，说话人在说这句话时，知道听话人能明白"客人"指的是谁，或者听话人确实是在等待客人。然而，在"来客人了"中，"来"处于已知信息的位置，"客人"处于新信息的位置，说话人在说出这句话时，潜意识中认为听话人应该不知道"客人"是谁。(77)a和(77)b同样可以用该理论解释。

在(78)a和(78)b中，从形式上看，两句的区别仅仅是一"逗"之差。但是，在(78)a句中，a mi mujer是整个句子的焦点（foco），即句子强调的信息；在(78)b句中，a mi mujer由于由逗号隔开，成为整个句子的主题（tópico），其后的短句le encantan los gatos作为述题（comentario/comento）展开。因此，同样的一个句子，我们可以使其焦点化（focalización）或主题化（topicalización）。例如，对于以下这个句子：

(79) Leí ese libro.

当我们要将句子主题化处理时，可以改为：

(80) Ese libro, lo leí.

例句(80)中，ese libro独立于其他成分，从而成为句子的主题，可以理解为：

(81) (En cuanto a) ese libro, lo leí.

当我们要将(79)句焦点化处理时，则有很多办法，如对需要强调的部分重读：

(82) Leí **ese libro**.

此时焦点在ese libro上，言外之意是no aquel libro。同样，也可以使用强调句使其焦点化：

(83) Fue ese libro el que leí.

再或者使用词汇的手段，通过添加形容词或副词使其焦点化：

(84) Ese libro fue precisamente el que leí.

这一部分内容非常重要，对于理解之后的很多从句（如主句与从句是否需要逗号分隔，从句位于主句之前与之后有何区别）有帮助。学习这一部分知识，对大家的理解、写作以及翻译也能起到一定的帮助作用。尤其是在翻译时，由于汉语和西班牙语的信息结构特征有时相似、有时相异，因此要特别注意。

随堂练习

从信息功能的角度出发，分析以下这句中文的西班牙语译文可以是哪一句或哪几句。

中文：

我们是三年前开始学的西班牙语。

译文：

(1) Hace tres años, empezamos a aprender el español.

(2) Empezamos a aprender el español hace tres años.

(3) Fue hace tres años cuando empezamos a aprender el español.

4.3 句子的分类

一个句子（oración），可以按照不同的标准进行分类。如果以句子中所含有的变位动词数为标准，则可分为简单句（oración simple）和复合句（oración compuesta）。简单句只含有一个变位动词，复合句含有两个及两个以上的变位动词。在复合句中，根据变位动词的组合形式，可分为并列复合句（oración coordinada）、联动复合句（oración yuxtapuesta）以及主从复合句（oración subordinada）。（图4.2）

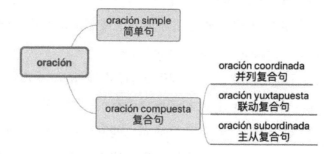

图4.3　依照句子数量分类

如果依照句法结构的特征，则可进行以下分类（图4.4）：

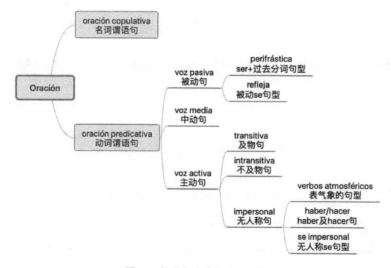

图4.4　依照句法结构特征分类

名词谓语句（oración copulativa），也叫作oración atributiva或oración de predicado nominal，其谓语部分由联系动词、半联系动词或表示改变含义的部分实意动词加修饰语构成（复习本章的"修饰语"部分）；动词谓语句（oración predicativa）由实意动词充当谓语部分的核心词。

课外阅读

动词ser既可以构成名词谓语句，也可以构成动词谓语句。关于后一特征，请阅读下文。

Título: "Sintaxis de ser como verbo predicativo"

Disponible en:

<https://www.jstor.org/stable/40300284?seq=1#page_scan_tab_contents>

西班牙语中的被动语态（voz pasiva）包括两种形式：一是pasiva perifrástica，由ser连接过去分词构成；二是pasiva refleja，由se连接及物动词的第三人称单数或复数形式构成。如：

(1) Su trabajo *ha sido* altamente valorado.

(2) *Se* alquilan pisos.

西班牙语中是否存在中动语态（voz media）一直是备受争议的话题。一些学者认为，中动语态的句子在结构上是主动形式，在意义上则表示被动。这类句子的谓语核心词以代词式动词居多。如：

(3) Julio *se ahogó*.

在主动语态（voz activa）中，如果句中的动词没有施动者，则是无人称句（impersonal）；如果有施动者，且带有直接宾语，则是及物句（transitiva）；反之，则是不及物句（intransitiva）。

> **课外阅读**
>
> 被动句是西班牙语中的一个难点内容，请阅读下面三篇文章。
>
> Título: "La voz pasiva y la construcción impersonal en español: dos maneras de presentar, manipular y seleccionar información"
>
> Disponible en:
>
> <https://dialnet.unirioja.es/descarga/articulo/891548.pdf>
>
> Título: "Sobre el formante de la 'voz pasiva' en español"
>
> Disponible en:
>
> <https://dialnet.unirioja.es/descarga/articulo/40935.pdf>
>
> Título: "La voz pasiva en español: hacia un análisis discursivo"
>
> Disponible en:
>
> <https://www.duo.uio.no/bitstream/handle/10852/25197/16-02.pdf?sequence=1#page=82>

这里特别要注意区分用于表示被动的se句型和无人称的se句型，二者经常会被混淆，从而造成动词的误用。请先从规定性语法的角度，判断以下几句话是否有语法问题。

(4) a. Se vende piso.

b. Se vende pisos.

c. Se venden piso.

d. Se venden pisos.

(5) a. Se busca camarero.

b. Se busca camareros.

c. Se buscan camarero.

d. Se buscan camareros.

(6) a. Se busca a camarero.

　　b. Se busca a camareros.

　　c. Se buscan a camarero.

　　d. Se buscan a camareros.

要想分清表示被动的se句型和表示无人称的se句型，需要从三方面入手：首先，如果句中名词性成分由无生命的、表示事物的名词构成，需要使用表示被动的se句型。既然是被动，那么谓语动词的数应当和名词的数保持一致。因此以上(4)a至(4)d句中，(4)b，(4)c不建议使用。另外，由于原型动词也具有名词的属性，所以同样可以出现在这类结构中。但是需要注意，此时既可以使用表示被动的se句型，也可以使用表示无人称的se句型。如：

(7) *Se pretende* mejorar las circunstancias.

(8) *Se pueden* observar los cambios.

之所以有这种情况发生，主要取决于说话人的关注点：如果话语的焦点在原型动词本身，建议使用无人称的形式；如果话语的焦点在原型动词后的补充成分（如例句中的cambios），则可使用被动形式。

其次，当名词性成分由有生命的人称承担时，如果名词前无介词a引入，需要使用表示被动的se句型，因此谓语动词的数应当和名词的数保持一致。例句(5)a至(5)d中，(5)b、(5)c不建议使用。

最后，当名词性成分由有生命的人称承担时，如果名词前由介词a引入，则需要使用表示无人称的se句型，此时谓语动词使用第三人称单数变位。所以，(6)a至(6)d句中，(6)c、(6)d不建议使用。

归纳起来，se在句中的功能包括以下8种：

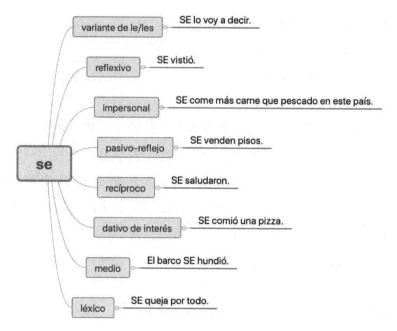

图4.5 代词se的主要用法

 随堂练习

1. 依照句法结构的特征,判断以下各句属于哪种句型。

(1) No sabe dónde vivimos.

(2) A mí me encanta cocinar.

(3) ¿Qué habrá sido de la vida de Juan?

(4) No quiero que te vayas.

(5) Se nos hace tarde.

(6) Mis hermanos están muy tranquilos.

(7) Tu primo se hizo famoso en España.

(8) Ha sido fantástico.

(9) Llovió durante tres horas.

(10) Se arreglan televisores.

2. 判断以下句中se的句法功能。

(1) Se fue la luz.

(2) No se sabe.

(3) Se quemó la casa.

(4) Se habla español.

(5) María se hizo daño.

(6) Se me olvidó.

(7) No se arrepintió.

4.4 复合句

复合句是西班牙语中最常见的句型，形式众多、结构复杂，需要大家深入理解掌握。依照复合句中各变位动词的相互关系，复合句可分为并列复合句（oración coordinada）、联动复合句（oración yuxtapuesta）以及主从复合句（oración subordinada）。

4.4.1 并列复合句

并列复合句中的变位动词之间通过并列连词或连词短语连接，所有变位动词处于同等地位。这类从句，根据变位动词间的相互概念，又可细分为5类（图4.6）：

1）联系并列句

联系并列句中，变位动词主要通过连词y（或其变体e），ni以及连词短语tanto...como，igual...que，lo mismo...que等连接，如：

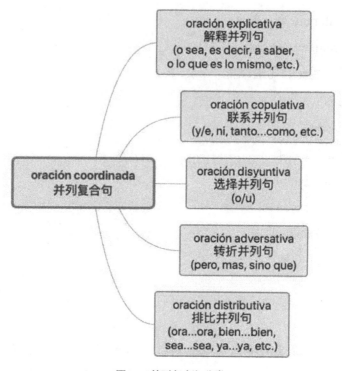

图4.6 并列复合句分类

(1) No lo sé, *ni* me interesa.

(2) Los estudiantes *tanto* cantaban *como* bailaban.

(3) Aquí *igual* hacemos los platos más tradicionales *que* preparamos la nueva cocina.

(4) *Lo mismo* si viene *que* si no viene.

2）选择并列句

选择并列句中，一般使用o（或其变体u）连接变位动词，但也常常能见到o配合其他词语组合成连词短语的情况，如：

(5) No discutas *u* organízalo tú.

(6) Se lo dices tú *o* se lo digo yo.

(7) Salgo a tomar algo *o bien* me quedo en casa.

3）转折并列句

转折并列句如其名称所示，意为两个分句间存在转折的含义，其常见的连接词为pero，mas（主要用于文学语体）和sino que。如：

(8) Juan no es alto, *pero* juega al baloncesto.

(9) Se marchó con la promesa de su vuelta, *mas* nunca la cumplió.

(10) No lo hacemos con mala intención, *sino que* les ofrecemos ayuda para mejorar la situación.

这里需要注意的是，虽然(8)、(9)和(10)都是转折并列句，但是前两句和第三句的情况不同：前两句的后半个分句并未否定前半个分句的信息，而仅仅将前半个分句作为后面信息的限制成分；第三句中，后半个分句否定了前半个分句。前两句称为限制性转折句（adversativas restrictivas），第三句属于矫正型转折句（adversativas correctivas）。

4）排比并列句

排比并列句中，需要有一个连接词短语来衔接几个变位动词，而这个短语是通过重复同一个副词来完成的，常见的短语有bien...bien，ya...ya，sea...sea等。如：

(11) *Bien* me lo dices ahora, *bien* se lo pregunto a los demás.

(12) *Ya* decidas quedarte, *ya* optes por irte, sé consecuente.

我们在以前的学习中，还见过unos...otros，antes...ahora等结构。虽然从形式上看，这种结构形成的句子非常类似于排比并列句，如：

(13) *Unos* cantaban, *otros* bailaban.

(14) *Antes* gritaba, *ahora* está durmiendo.

但是，以上例句并非排比并列句，而是联动复合句，因为每个句子的几个分句之间是可以加入连词y或pero的，即：

(15) *Unos* cantaban y *otros* bailaban.

(16) *Antes* gritaba y/pero *ahora* está durmiendo.

5）解释并列句

解释并列句中，后一个分句用于解释前一个分句，并且由连词短语a saber，o sea，es decir，en otras palabras等结构引导出。如：

(17) Su discurso es críptico, *es decir*, no se entiende fácilmente.

通过以上的讲解可以看出，并列复合句中，用于连接分句的成分均是连词或连词短语。对于这一类用于连接的词语或短语，要特别注意几点。首先，从书写形式上看，一般不能完全被逗号分隔为独立的结构（除了解释并列句中）。如：

(18) No quiero ir a la montaña, sino que veranearé en la playa.

(19) *No quiero ir a la montaña, sino que, veranearé en la playa.

但是，连词或连词短语常常可以和话语标记语（marcadores del discurso）连用，而话语标记语是必须通过逗号隔开的，因此，可以见到这样的结构：

(20) No quiero ir a la montaña, sino que, al contrario, veranearé en la playa.

此时虽然形式上看起来sino que与其他成分隔离开，但其后的逗号是话语标记语al contrario的使用要求造成的。话语标记语是中国学生学习西班牙语时的重点及难点内容，需要大家认真掌握。

 随堂练习

1. 判断下列句子中，哪些属于联系并列句。

(1) Me han ayudado mucho tanto los profesores como los compañeros.

(2) Me han ayudado mucho tantos profesores como compañeros.

(3) Contrata lo mismo a hombres que a mujeres.

(4) Contrata a los mismos hombres que mujeres.

2. 判断下列句子中，哪些属于判断性转折并列句或矫正型转折并列句（注意：并非每个句子都是并列句）。

(1) Es muy guapo, pero tonto.

(2) Vencerás con violencia, mas tu victoria será amarga.

(3) La Inquisición velaba por mantener pura la fe, pero sus métodos no siempre eran éticos.

(4) No quiero sino que me hagan caso.

(5) No fue solo, sino que lo acompañaba toda su familia.

(6) No me gustaba, no obstante, lo acepté.

(7) Es un chico muy apreciable; sin embargo, tiene sus defectos.

4.4.2 联动复合句

联动复合句形式上类似并列复合句，但句中缺少连词或连词短语。如：

(21) Canta, baila, está muy contento todos los días.

(22) Hace calor, voy a poner el aire acondicionado.

(23) Ya es tarde; tenemos que ir a casa.

(24) ¿Vas, vienes?

联动复合句中，虽然缺少连词，但是这并不影响句子通过语境来表达因果、条件、选择等概念，以上例句(22)、(23)及(24)就属于这种情况。

4.4.3 主从复合句

主从复合句是复合句中种类最为繁多、内部特征差异巨大的一个群体。在学习主从复合句之前，有必要先搞清楚其分类方式，以及各小类的名称。在传统的句法研究中，主从复合句常见的有两种分类方式，但都具有一定的局限性及问题，接下来我们将详细分析。

第一种常见的分类方法是从词法特点出发，找出与从句特征类似的词类，再根据这个词类命名。也就是说，一个从句若在整个句子中相当于一个名词（或代词），就将其称为名词性从句；若相当于形容词或副词，就将其称为形容词性或副词性从句。如：

(25) No sé *cuándo va a llover*.

(26) Es una historia *que apasiona*.

在(25)句中，cuándo va a llover相当于一个名词（或代词），可以被eso替换掉，改为：

(27) No sé *eso*.

因此(25)句是一个名词性从句。同样，第(26)句中的que apasiona相当于形容词apasionante，因此第(26)句被称为形容词性从句。

这种分类方式划分出的名词性从句和形容词性从句还比较合理，但是副词性从句就有问题了。例如，按照这种分类方式，以下这句应该算作"表示让步的副词性从句"。

(28) *Aunque no somos ricos*, iremos de vacaciones.

可是只要仔细想一想就会发现，西班牙语中没有副词能表示让步的含义。况且aunque一词本身也不是副词，而是连词，Aunque no somos ricos不能被任何一个副词替换掉（上面的名词性从句和形容词性从句可以被名词或形容词替代）。因此，如果确立副词性从句这个小类，类似于第(28)句这样的句子是无处放置的，这也是这种分类方式的问题所在。

另一种常见的分类方式是从句法特点出发，依据从句在整个句子中的句法功能来命名。也就是说，一个从句若在整个句子中充当主语，那么这个从句就是主语从句；如果从句充当定语，就是定语从句；如果从句充当状语，就是状语从句。这种分类方式的主要问题在于会将同一个从句赋予不同的名称，从而造成分类混乱。例如：

(29) *Lo que me dijiste* no es verdad.

(30) No voy a contar a nadie *lo que me dijiste*.

按照这种分类方式，即使两句中的从句完全相同，但也只能把一个称为主语从句，另一个称为直接宾语从句。再如，对于下面这句：

(31) El chico con *quien bailaste* es chileno.

按照上面的这种分类方法，例句(31)又应该叫什么从句呢？

课外阅读

如何对主从复合句进行分类，这是语言学界长期有争议的问题。请阅读以下两篇论文。

Título: "Estudios de Sintaxis. Las Oraciones subordinadas"

Disponible en:

<https://revistadematematicas.uchile.cl/index.php/BDF/article/download/47418/49460>

Título: "Las oraciones subordinadas: Esbozo de clasificación"

Disponible en:

<https://minerva.usc.es/xmlui/bitstream/handle/10347/4875/pg_119-150_verba14.pdf?sequence=1>

由此可见，传统上常见的两种分类方法各自有局限性。因此，皇家语言学院及西班牙语语言协会（Asociación de Academias de la Lengua Española）在 *Nueva gramática de la lengua española* 中这样对从句进行了分类：

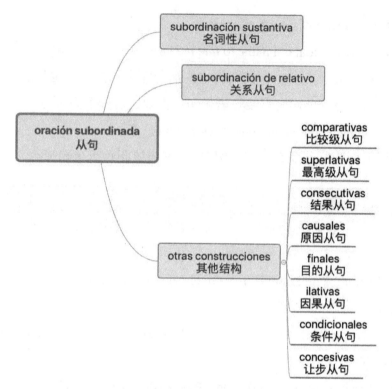

图4.7　主从复合句分类

1）名词性从句

顾名思义，名词性从句（oración subordinada sustantiva/subordinación sustantiva）指的是从句能起到名词或名词短语的功能。因此，从句法功能的角度看，名词性从句可以在句中担任主语、修饰语、名词的修饰成分、直接宾语、间接宾语、介词结构（包括介词补语及由介词引导的景况补语）或同位语（aposición）。如表4.6：

表4.6　名词性从句的功能及例句

Función sintáctica 句法功能	Ejemplos 例句
sujeto	Me gusta *que me acaricies*.
	Es posible *que llegue tarde*.

（续表）

Función sintáctica 句法功能	Ejemplos 例句
	Es *que no encuentro las llaves*.
	Me alegra *que hayas terminado*.
	Que digas eso me humillas.
CD	El portavoz del gobierno anunció: «*Subirán los impuestos*».
	Sabemos *dónde vives*.
	Confiesa *cómo lo conseguiste*.
	Dijo *que volvería pronto*.
CI	No di importancia *a que dijeras eso*.
	Da tiempo *a que el plato se enfríe*.
	El público atribuye el problema *a que llovió torrencialmente anoche*.
	Presta mucha atención *a que le critiquen*.
grupo preposicional	Me acostumbré *a que siempre llegaras tarde*.
	Siempre se queja *de que no la escuchan*.
	Tengo muchas ganas *de que veas mi nueva casa*.
	Le gustó la idea *de que fuéramos al cine*.
	Estoy seguro *de que vendrá*.
	Llámame *antes de que tus padres lleguen a casa*.
	Iré *sin que me lo pidas*.
atributo	El hecho es *que no lo hizo*.
	Mi objetivo es *que aprendáis las estructuras sintácticas*.
aposición	Me preocupa ese rumor, *que tengas un tumor en el cerebro*.
	Me dio esta orden: *que volviera pronto*.

对于以上例句需要说明的是，当名词性从句作间接宾语时，主要出现在dar importancia a que，dar tiempo a que，dar crédito a que等句型中，因为此时importancia，tiempo，crédito等名词已经充当了直接宾语。

在名词性从句中，能够起到连接主句与从句的词语主要是连词que（注意此时que是连词，不是代词）、表示"是否"的si，以及所有带重音符号的疑问词（qué, cuándo, cuánto, cómo, cuál, dónde等）。

当使用连词que来连接从句时，有两个细节需要注意：一是一些特殊的语体（registro）下，连词que可以省略。如：

(32) Esperamos (que) nos visiten pronto.

(33) Le agradeceremos (que) se sirva leer estas instrucciones detenidamente antes de instalar el sistema.

二是当que引导的名词性从句在句中作主语时，可以在其前放置定冠词el来强调从句。如：

(34) Que te guste me encanta.

(35) El que te guste me encanta.

 随堂练习

判断以下例句中名词性从句的句法功能。

(1) Me gusta que siempre estés tranquila y contenta.

(2) No entiendo qué me has dicho.

(3) Me preguntó cuánto dinero tenía.

(4) No tengo la seguridad de que sea inocente.

(5) Parecía feliz de que la hubiese encontrado.

(6) Salió sin que nadie lo viera.

(7) La condición es que no se puede hablar durante el examen.

2）关系从句

关系从句（oración subordinada de relativo/subordinación relativa）由关

系代词（pronombres relativos）、关系副词（adverbios relativos）以及关系限定词（determinantes relativos）或其复合形式（与介词、定冠词的组合）引导。如表4.7：

表4.7　关系词及例句

Categoría gramatical 词类	Relativos 关系词	Ejemplos 例句
pronombres	(el/la/los/las) que	El portátil *que* me gusta cuesta mucho. Estos libros son los *que* me trajiste ayer.
	quien/es	La chica con *quien* hablaste es mi mejor amiga. Sale con *quienes* quiere. *Quien* dice eso miente.
	el/la cual los/las cuales	Los colegas con *los cuales* se presenta al premio le llamaron para cenar. La tela con *la cual* se hizo el traje estaba rota.
	cuanto/a cuantos/as	Desprecia a *cuantos* le contradicen. Coge *cuanto* quieras.
determinantes	cuyo/a cuyos/as	Esos son los niños de *cuyos* padres hablamos anoche. La casa *cuya* ventana está cerrada es la mía.
	cuanto/a cuantos/as	Recibe a *cuantas* personas se lo piden. *Cuantos* hombres la ven se enamoran de ella.
adverbios	como	Hazlo *como* te he explicado.
	donde	La ciudad *donde* estudié es preciosa. Está *donde* lo dejé.
	cuando	Eso será *cuando* tú digas. Se fue ese día *cuando* nos casamos.
	cuanto	Escribí *cuanto* sabía.

在学习关系从句时，一定要关注先行词（antecedente）的显现（explícito）与隐藏（implícito），因为它直接决定了关系词的使用问题（如que和el que都可指人或物，二者的区分关键就在先行词的显与隐上），以及由donde，cuando等副词引导的从句可能在句中修饰名词，也可能作景况补语修饰谓语动词。如：

(36) a. La ciudad *donde vivo* es muy pequeña.

   b. Nos vemos *donde nos conocimos*.

(37) a. Ese día *cuando me llamaste* estaba en la cocina.

   b. Hablamos tranquilamente *cuando llegues*.

以上例句(36)a与(37)a的斜体部分相当于形容词，修饰其先行词；例句(36)b与(37)b的斜体部分相当于副词，在句中做景况补语。

课外阅读

关于关系从句，请阅读下文。

Título: "¿Relativo sin antecedente?"

Disponible en:

<https://minerva.usc.es/xmlui/bitstream/handle/10347/5879/pg_213-226_moenia5.pdf?sequence=1>

在学习关系从句时，另外一个时常困扰大家的问题是：对于句子中的这个结构preposición + el/la/los/las que，什么时候可以省略定冠词。一般说来，当介词是a（除了从句作直接宾语的情况下），con，de，en及有些情况下的por时，que前的定冠词可以省略。如：

(38) a. Será dificilísimo el examen *al que* tenga que someterme.

   b. Será dificilísimo el examen *a que* tenga que someterme.

(39) a. Este es el cuchillo *con el que* mató al ladrón.

   b. Este es el cuchillo *con que* mató al ladrón.

(40) a. No conozco ninguna de las personas *de las que* me hablas.

   b. No conozco ninguna de las personas *de que* me hablas.

(41) a. El día *en el que* te fuiste fue el peor día de toda mi vida.

   b. El día *en que* te fuiste fue el peor día de toda mi vida.

但是，当介词a后连接的是直接宾语时，定冠词不能省略。如：

(42) a. Este es el chico *al que* pegaste.

  b. *Este es el chico *a que* pegaste.

另外，当preposición + el/la/los/las que指代同样结构的先行词时，介词与定冠词可以同时省略。如：

(43) a. Dejé el coche *en el lugar en el que* te saludé.

  b. Dejó el coche *en el lugar que* te saludé.

通过这两部分的学习，我们应该能够发现，无论是名词性从句，还是关系从句，que都是最常用的衔接从句的词。那么，二者在两种句型中的特点有什么不同吗？我们通过下表来进行对比：

表4.8　连词que与代词que的对比

que	
名词性从句	关系从句
连词	代词
在从句中没有句法功能，如： Sabe *que* está cansado. que仅用于连接从句。	在从句中具有句法功能，如： Me encanta el libro *que* me regaló. que在从句中作主语。
当作主语时，可被阳性单数定冠词el修饰，用于表示强调。	无先行词时，需要受到定冠词的修饰，定冠词的性与数可变。
que不能被其他关系词替代。	很多句子中，que可被其他关系词（如quien、donde）等替换。
que从句在句中是名词性成分。	que从句在句中是形容词、副词性成分。

词语que是语法学习的一大难点，也是一大重点。除了上面的总结，在接下来的部分，我们还会见到que用在比较级从句、结果从句中的例子。

随堂练习

1. 判断下列句子中 **que** 的词类。

(1) El gato que me regalaste se escapó.

(2) Me dijo que vendría.

(3) El hombre que vino ayer es guapo.

(4) Estoy seguro de que lloverá.

(5) Quiero que estudies.

2. 说出以下从句在整句中的句法功能，以及关系词在从句中的句法功能。

(1) La lluvia que ha caído beneficiará las cosechas.

(2) No me acuerdo de la fecha en que mi amigo falleció.

(3) El río donde nos bañábamos ya no existe.

(4) Los alumnos de Filología Hispánica han realizado un curso que enseña la historia de esta lengua.

(5) He estado en el museo donde se exponen pinturas de Picasso.

(6) Acusó al jefe de la oficina, el cual no lo desmintió.

(7) Él es quien me lo dijo.

(8) Los archivos, que se salvaron del incendio, son importantísimos.

3）比较级从句及最高级从句

比较级从句（subordinación comparativa）包括同级比较（comparativas de igualdad，如 tan...como，tanto/a/os/as...como，igual que 等形式）、高级比较（comparativas de superioridad，如 más...que）和低级比较（comparativas de inferioridad，如 menos...que）三种形式。如：

(44) Habla *tanto como* su marido.

(45) Vivo *tan* lejos *como* él.

(46) Trabaja *igual que* los demás.

(47) Es *más* guapa *que* su hermana.

(48) Los chicos estudian *menos* latín *que* antes.

以上几句中，虽然看起来每句只有一个变位动词，不应属于从句。但其实在比较的部分分别省略了和前半句相同的动词。也就是说，以上几句隐藏或省略了以下内容：

(49) Habla *tanto como* (habla) su marido.

(50) Vivo *tan* lejos *como* (vive) él.

(51) Trabaja *igual que* (trabajan) los demás.

(52) Es *más* guapa *que* (es) su hermana.

(53) Los chicos estudian *menos* latín *que* (estudiaban) antes.

虽然比较部分的动词被省略，但在句法分析时是要补充上的。

课外阅读

关于más que与más de的区别，请阅读下文。

Título: "Más de — más que"

Disponible en:

<http://www.gruposincom.es/salvadorgutierrez/mas%20de%20mas%20que.pdf>

另外，在比较级中还能见到另外一类句子：

(54) Es *más* alto *de* lo que pensaba.

在最高级从句中，也有类似的形式：

(55) Es el coche *más* rápido *que* he visto.

在以上各结构中，que均是连词。

4）结果从句

结果从句（subordinación consecutiva）表示的是在某个强烈的行为下发生了某种结果。常见的结果从句的结构是tan...que，tanto/a/os/as...que，tal...que等，如：

(56) Había *tanta* gente *que* apenas podía entrar.

(57) Hacía *tanto* ruido *que* tuve que llamar a la policía.

(58) He comido *tanto que* no puedo moverme.

(59) Estoy *tan* feliz con mi vida *que* no me importa nada lo que piensan los demás.

(60) Su lentitud era *tal que* llegaba siempre tarde.

除此之外，在口语中还能见到以下形式的结果从句（见表4.9）：

表4.9 结果从句的结构及例句

Estructura 结构	Ejemplos 例句
un + sustantivo + que	Hace *un* calor *que* te mueres.
de un + adjetivo + que	Es *de un* imbécil *que* asusta.
un + sustantivo + tal + que	Montaron *un* follón *tal que* no son capaces de solucionarlo.
cada + sustantivo + que	Hace *cada* cosa *que* nadie le entiende.

5）原因从句

原因从句（subordinación causal）用于解释、佐证主句事件发生的原因。如：

(61) No voy a salir *porque hace mucho frío*.

句中斜体部分porque hace mucho frío在整个句子中作原因从句，它解释了no voy a salir的原因。

原因从句中，最常使用的衔接成分是porque。一般说来，porque引导的原因从句中使用陈述式（如上面的例句），但是在一些语境下，由于有外界因素的影响，如有no否定、有ojalá修饰、用于修辞疑问句等情况下，需要在从句中使用虚拟式。如：

(62) No lo hice porque me lo *dijeras* tú.

(63) ¿Tenemos que hacer lo que pide porque *sea* el jefe?

(64) —No se puede fumar aquí.

　　—Porque tú lo *digas*.

可以看出，以上porque引导的原因从句中都使用了虚拟式。例句(62)的含义相当于：

(65) Lo hice por otro motivo.

注意(62)句和下面这句是不一样的：

(66) No lo hice, porque me lo *dijiste* tú.

例句(63)属于修辞疑问句，也就是说，说话人不认为应该hacer lo que pide el jefe。

例句(64)的第二句虽然看似普通的表达阐述语气的句子，但是根据语境可以看出，它实际隐含了这样一个修辞疑问句：

(67) ¿No puedo fumar aquí porque tú lo digas?

言外之意是：

(68) ¿Por qué te voy a hacer el caso? Voy a fumar aquí. No me importa lo que digas.

除了porque以外，还能见到其他的引导原因从句的词组。按照原因从句与主句的衔接关系，原因从句可进行以下分类：

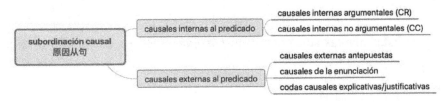

图4.8　原因从句分类

当原因从句直接限定主句谓语时，这类从句称为内部原因从句（subordinación causal interna）。从书写方式上来看，这类从句无须使用标点符号与主句分隔。如：

(69) Me fui de la fiesta porque me dolía mucho la tripa.

内部原因从句又细分为由介词补语充当的语法原因从句（causales internas argumentales），以及由景况补语的形式充当的语义原因从句（causales internas no argumentales）。之所以称为语法原因从句，是因为出于动词本身的原因，必须通过使用某介词才能再引导原因；语义原因从句中，从句由介词引出，介词是语义上的需求，而不是语法的需求，整个结构类似于一个景况补语。请对比：

(70) Está preocupado por que su hijo apruebe el examen.

(71) Iré porque mi madre me ha llamado.

在例句(70)中，por是estar preocupado需要的（来源于preocuparse por），因此por引导的成分属于介词补语；在例句(71)中，使用por并非是ir的需要，por此时引导的成分类似于景况补语。

这里需要特别说明的是，porque与por que在原因从句中的使用区别是看por的来源问题。如果por是动词的需求造成的（即构成介词短语时，如luchar por，rezar por等），当从句中使用陈述式时，则por与que需要分开写（por que）；如果从句中使用虚拟式，则por与que既可以分开写（por que），也可以连写（porque）。如上面的例句(70)同样可以写为：

(72) Está preocupado *porque* su hijo apruebe el examen.

再如：

(73) Estas plantas se caracterizan *por que* producen un tipo de fruto muy especial.

此时por que不能连写。

如果por构成的是景况补语，则只能使用porque的形式。例句(71)就是这种情况。

如上文所说，除了porque之外，还能见到一些词组来引导内部原因从句，如表4.10：

表4.10　内部原因从句的引导词及例句

Locuciones 词组	Ejemplos 例句
debido a que	Es un juego destacadamente intelectual *debido a que* requiere concentración absoluta.
gracias a que	Esto fue posible *gracias a que* se puso fin a la Segunda Guerra Mundial.
por culpa de que	Perdí el avión *por culpa de que* no sonó el despertador.

当然，有同学会说，以上几个词组引导的从句如果放置于主句之前，则可通过逗号分隔，如：

(74) Debido a que requiere concentración absoluta, es un juego destacadamente intelectual.

虽然如此，这类情况属于之前讲过的信息功能层面的内容，从句仍然属于内部原因从句。

外部原因从句（subordinación causal externa）在书写上需要与主句分开，不论从句处在什么位置。请比较：

(75) a. Como se estropeó el coche, tenemos que coger el metro.

　　　b. Tenemos que coger el metro porque se estropeó el coche.

两句话的区别体现在4个方面：首先，例句a作为外部原因从句不能用于回答问题，而例句b作为内部原因从句可以；其次，内部原因从句可以变为名词谓语句形式的强调句，而外部原因从句不行。如：

(76) a. Es porque se estropeó el coche por lo que tenemos que coger el metro.

　　　b. *Es como se estropeó el coche por lo que tenemos que coger el metro.

另外，内部原因从句可以被否定，而外部原因从句不行，如：

(77) a. Como se estropeó el coche, tenemos que coger el metro.

  b. *No como se estropeó el coche, tenemos que coger el metro.

最后，内部原因从句可以被焦点化，而外部原因从句不行，如：

(78) a. Tenemos que coger el metro solo porque se estropeó el coche.

  b. *Solo como se estropeó el coche, tenemos que coger el metro.

在外部原因从句中，又可根据修饰关系分出3小类。第一类是原因前置从句（causales externas antepuestas），这类从句中，由词组引导的表示原因的从句始终需要置于主题的位置。如表4.11：

表4.11 外部原因从句的引导词及例句

Locuciones 词组	Ejemplos 例句
comoquiera que	*Comoquiera que* no puedo moverme, me gustaría ver la tele.
dado que	*Dado que* no quedan tiques para hoy, iremos mañana.
en la medida en que	*En la medida en que* los demás comentan, haré algún comentario también.
en vista de que	*En vista de que* se empeora la crisis, necesitamos manejar nuestras finanzas con mayor cuidado.
habida cuenta de que	*Habida cuenta de que* esto es intolerable, es necesario actuar enseguida.
ya que	*Ya que* no vienes nunca, vamos nosotros.
visto que	*Visto que* no hay preguntas, se levanta la sesión.

  第二类是原因阐述从句（causales de la enunciación），我们先来对比两个例句：

(79) a. Mañana lloverá porque viene una borrasca.

  b. Mañana lloverá, porque a mi abuela le duele la rodilla.

稍作对比我们就会发现，例句a中，viene una borrasca是mañana lloverá的原因；但是例句b中，显然a mi abuela le duele la rodilla不是mañana lloverá

的原因。例句a是我们上面讲过的内部原因从句，而例句b就是外部原因从句的原因阐述从句。类似这样的例子还有很多，如：

(80) Suspenderás el examen, porque solo has frecuentado el aula.

(81) Va a llover, porque la gente lleva paraguas.

(82) Se ha quedado en casa, porque hay luz en su habitación.

(83) Cierra la puerta, porque entra frío.

在以上这些句子中，porque所引导的句子并非是主句的原因，而是阐述说话人自己为什么这样认为。以例句(80)为例，说话人之所以说Suspenderás el examen，是因为听话人只是去教室（solo ha frecuentado el aula），言外之意是人在心不在，从来不学习。由此可以看出，对这句话可以补全省略的信息，使其变为：

(84) Digo que suspenderás el examen, y lo digo porque solo has frecuentado el aula.

(85) —¿Por qué digo/creo que suspenderás el examen?
　　—Porque solo has frecuentado el aula.

(86) Si digo que suspenderás el examen, es porque solo has frecuentado el aula.

另外几句同理。

外部原因从句的第三类是解释性结尾从句（codas causales explicativas/justificativas）。这类从句位于整个句子的尾部，由逗号、分号，甚至句号分隔。如：

(87) ¡Cállate!, que está durmiendo el bebé.

(88) ¿Estás nervioso?, porque veo que te estás comiendo las uñas.

(89) ¿Me dejas un momento tu móvil? Es que el mío se ha quedado sin batería.

这类句子中，解释性结尾从句用于说明为什么发出前半句信息。

随堂练习

判断下列原因从句所属的小类。

causales internas al predicado argumentales: _____

causales internas al predicado no argumentales: _____

causales externas al predicado antepuestas: _____

causales de la enunciación: _____

codas causales explicativas: _____

(1) No me compré el pantalón porque era caro.

(2) Ya que somos cuatro, podríamos jugar al *mahjong*.

(3) Juan está abrigado porque tiene frío.

(4) Eso es mi interés porque la seguridad social mejore.

(5) Como ya era tarde, decidimos cenar juntos.

(6) ¿Me prestas tu boli? Es que se me ha olvidado traer el mío.

(7) No vieron huella alguna, pues era de noche.

(8) Ten cuidado, que nadie sabe lo que puede pasar aquí.

6）目的从句

目的从句（subordinación final）用于说明主句行为发生的目的。目的从句与主句最常见的衔接形式是通过 para que 连接，且从句中需要使用虚拟式。目的从句同样可以依照原因从句的分类方式进行分类：

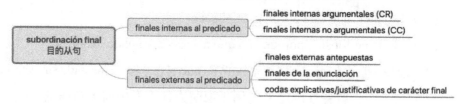

图4.9 目的从句分类

内部目的从句（finales internas al predicado）除了使用para que连接以外，还能见到a que，a fin de que，al objeto de que，con el fin de que，con el objetivo de que，con el propósito de que等，如：

(90) Le preparé un regalo *para que* estuviese contenta.

(91) Me marcho *a fin de que* puedas estudiar tranquilamente.

(92) A mi hijo lo cambiamos de escuela *con el propósito de que* se comportara con mejores modales.

此时，如果介词用于构成介词补语，则从句是语法目的从句（finales internas argumentales）；如果介词是为了构成景况补语，则从句是语义目的从句（finales internas no argumentales）。请比较：

(93) Lo animé a que bailara ante todos.

(94) Canté para que se durmiera.

例句(93)中a que bailara ante todos是animar的介词补语，因此从句是语法目的从句；例句(94)中的para que se durmiera只是cantar的景况补语，因此从句是语义目的从句。

外部目的从句（finales externas al predicado）主要指从句与主句分隔的形式。主要包括目的前置从句（finales externas antepuestas），一般位于主句之前，用来形成主题，表达与主句相反的概念。如：

(95) Para que se rían de mí, no voy.

很显然，以上这句话和下面这句的含义完全不同。

(96) No voy para que se rían de mí.

例句(96)在缺少非常明确的语境时是很难成立的。

目的阐述从句（causales de la enunciación）指出的不是主句行为的目的，而是说话人表达主句的目的。请观察以下两句：

(97) A partir de hoy tienes que hincar los codos, para que te quedes claro.

(98) Para que lo sepas, yo no hice nada malo.

这两句话相当于：

(99) A partir de hoy tienes que hincar los codos, y lo digo para que te quedes claro.

(100) Yo no hice nada malo, y lo digo para que lo sepas.

表达目的的解释性结尾从句（codas explicativas/justificativas de carácter final）位于整个句子的尾部，由逗号分隔，解释发出主句信息的目的。如：

(101) Ve, que te vea el médico.

(102) Gritó, que le abrieran.

此类句型主要用于非正式文体及口语中，que表示目的，相当于省略了介词para。

 随堂练习

判断下列目的从句所属的小类。

  finales internas al predicado argumentales: _____

  finales internas al predicado no argumentales: _____

  finales externas al predicado antepuestas: _____

  finales de la enunciación: _____

  codas explicativas de carácter final: _____

(1) Ha dicho por teléfono que llegará tarde, para que lo sepas.

(2) habla más bajito, que no nos vayan a oír.

(3) Para que lo cambien esos políticos, lo cambio yo.

(4) Recita despacio a fin de que te entiendan.

(5) ¿Me vas a obligar a que me vaya?

7）因果从句

因果从句（subordinación ilativa）一定由通过逗号分隔的两部分组成：前半部的主句代表原因，后半部的从句代表结果。如：

(103) Hacía un día precioso, así que decidí dar un paseo.

传统研究中将因果从句归为原因从句，但是二者还是存在不少区别的。例如，原因从句中，一般主句是结果，从句是原因，而因果从句正好相反；原因从句与主句的位置关系相对灵活，而因果从句只能置于主句之后；原因从句与主句间在一些情况下无须以逗号分隔，而因果从句必须使用逗号与主句分隔。

常见的用于连接因果从句与主句的连词或连词短语有（见表4.12）：

表4.12 因果从句的引导词及例句

Conjunciones y locuciones conjuntivas 因果连词及连词词组	Ejemplos 例句
así que	Se ha hecho tarde, *así que* no salimos.
luego	Pienso, *luego* existo.
de forma/manera/modo/suerte que	Me lo explicó con ejemplos, *de forma que* lo entendí bien.
de ahí que	Me queda grande, *de ahí que* estoy pensando en devolverlo.

8）条件从句

条件从句（subordinación condicional）与主句衔接时，需要以逗号分隔。条件从句一般表示在满足某种假设的条件下，会达到主句的结果，或得到主句的结论。如：

(104) a. Si no lo sabemos, nos callamos.

　　　b. Si nos callamos, no lo sabemos.

例句a中，主句表示的是结果；例句b中，主句表示的是结论。

条件从句最常见的引导方式是通过连词si引出，但是也有其他很多常见的连词或连词短语，如表4.13：

表4.13　条件从句的引导词及例句

Conjunciones y locuciones condicionales 条件连词及连词词组	Ejemplos 例句
como	*Como* no estudies, suspenderás. *Como* llegues tarde, no comes.
mientras	*Mientras* no venga, no podemos comenzar.
cuando	*Cuando* no te ha dicho nada todavía, es que no quiere invitarte. *Cuando* lo dice el jefe, será verdad.
con tal de que	*Con tal de que* no me mientas, te perdonaré.
siempre que	*Siempre que* me lo digas, lo haré.
a menos que	*A menos que* sea muy necesario, no me molestes.
a no ser que	*A no ser que* vayas tú también, no iré.
como no sea que	*Como no sea que* venga el presidente, no vayamos.
en caso de que	*En caso de que* apruebes, hablaremos de tu salario.
a condición de que	*A condición de que* no lo contara a nadie, le conté todo.

　　在以上用于连接条件从句的连词及连词词组中，como引导的从句一般置于主题的位置，即主句之前，且从句中使用虚拟式，含有强调甚至威胁的语气。连词mientras引导的从句也需要置于主题的位置，从句中使用虚拟式。连词cuando引导条件从句时，从句中需要使用陈述式。另外，虽然我们所列举的句子都是条件从句位于主句之前的情况，但是也能见到很多互换位置的例子，二者的区别还是体现在之前讲过的信息功能层面。

　　在条件从句中，主句与从句的时态搭配方式也是学生常常遇到的问题。首先需要明白，表示条件的从句表达的是说话人对于某个事件发生的可能性、概率性、真实性的一种态度，主句表达的是句子的语气（即式）。因此，总的来说，主、从句时态的搭配可以分为三类。一是真实话语类，表达的是真实的或者认为可发生的行为。此时条件从句中使用现在或过去这两个时间范畴的陈述式，主句可以使用现在、过去或将来这三个时间范畴的陈述式。如：

(105) Si estoy en mi propia cama, duermo mejor.

(106) Si me ayudas, acabaré antes.

(107) Si no leíste el periódico, cómo te enteraste de lo ocurrido.

课外阅读

关于条件从句，请阅读下文。

Título:"Las oraciones condicionales"

Disponible en:

<https://revistas.uchile.cl/index.php/BDF/article/download/47415/49458>

第二类是强化话语类，强调的是在满足某种条件时会发生的事，但是这种条件是很难满足的。此类结构中，条件从句动词使用虚拟式过去未完成时的变位，主句动词使用陈述式简单条件或命令式的变位。如：

(108) Si *tuviera* dinero, *compraría* ese coche.

(109) Si *vieras* a María, *di*le que la estoy buscando.

第三类是虚假话语类，此时条件从句中的动词使用虚拟式过去完成时，主句动词使用陈述式复合条件或虚拟式过去完成时的变位。如：

(110) Si me lo *hubieras dicho*, no *habría/hubiera cometido* ese error.

由此可以看出，在以上三类结构中，条件从句都是提出了一种条件假设，只不过在第一种结构中，这个假设是在过去、现在或将来站得住、立得起的，而在第二种和第三种结构中，在对现在或过去提出假设的同时推翻这个假设，显示出这种假设不可能成真，之所以再创造这么一个假设只是为了强调某种语气。

关于条件从句，我们还能遇到一种特殊语义的句子，如：

(111) Si tienes hambre, en la nevera hay un cacho de tortilla de patatas.

(112) Si no me equivoco, eso no fue lo que pasó.

通过与之前例句比较可以看出，例句(111)中，tener hambre并非是en la nevera hay un cacho de tortilla de patatas发生的条件；例句(112)中，no me equivoco也不是eso no fue lo que pasó发生的条件。这类语义结构非常类似于之前学过的目的阐述从句以及原因阐述从句，因此被称为条件阐述从句（condicionales de la enunciación）。在这种句子中，主句部分其实省略了digo que，te puedo decir que，te afirmo que等词组。也就是说，上面两句可以改为：

(113) Si tienes hambre, digo que en la nevera hay un cacho de tortilla de patatas.

(114) Si no me equivoco, te puedo decir que eso no fue lo que pasó.

最后，在西班牙语中还存在一种伪条件句（oraciones pseudocondicionales），从形式上看起来它由si引导出一个假设，但从实际语义上看，这并非是假设，而是为了强调主句、从句的真实性或虚假性。如：

(115) Si tú sabes cocinar, yo soy chef con estrellas Michelín.

这句话的字面意思是：如果你会做饭的话，那我还是米其林星级厨师呢。表面上看起来这是一个条件句，但实际是在强调tú no sabes cocinar。按照我们对条件句的理解，如果si引导的从句中所设立的假设与现实不符，则应使用虚拟式，所以上面这句话似乎应当表述为：

(116) Si tú supieras cocinar, yo sería chef con estrellas Michelín.

但是，如果句子改为这样，那么其核心含义就发生了改变：例句(115)强调的是tú no sabes cocinar，例句(116)表达的是说话人想成为chef con estrellas Michelín，但是由于听话人no sabe cocinar，所以自己无法成为这样的chef。其实大家仔细想想，汉语中很多时候也存在类似的表达方式。例如，郭德纲在相声里作为"包袱"说过："你要舍得死，我就舍得埋。"这和我们这里的伪条件句异曲同工。

随堂练习

1. 以下均为条件从句，请将原型动词进行适当的时态变位（有些空格处可能不止一种选项）。

   (1) Como no _____ (lograr) ganar el partido, el Real Madrid _____ descenderá de categoría.

   (2) Vete a pasear al perro, pero si _____ (llover), _____ (volver).

   (3) Si _____ (tener, yo) tiempo, te _____ (ayudar, yo).

   (4) A condición de que _____ (hacer, tú) la tarea, _____ (poder, tú) salir.

   (5) Cuando el río _____ (sonar), agua _____ (llevar). (refrán popular)

   (6) A no ser que _____ (terminar, tú) los deberes, _____ (quedarse, tú) en casa.

   (7) Siempre que le _____ (pedir, yo) un favor, sin duda me _____ (ayudar).

   (8) _____ (corregirme), si _____ (equivocarse, me).

   (9) Cuando él lo _____ (decir), _____ (ser) porque lo ha comprobado.

   (10) ¿Cómo te voy a pegar?, si me _____ (caer) bien.

2. 朗读Carlos Edmundo de Ory的这首小诗，感受条件从句的魅力。

   Fonemoramas

   Si canto soy un cantueso.

   Si leo soy un león.

   Si emano soy una mano.

   Si amo soy un amasijo.

   Si lucho soy un serrucho.

   Si como soy como soy.

Si río soy un río de risa.

Si duermo enfermo de dormir.

Si fumo me fumo hasta el humo.

Si hablo me escucha el diablo.

Si miento invento una verdad.

Si me hundo me Carlos Edmundo.

9）让步从句

让步从句（subordinación concesiva）中，从句部分先建立起一个论述，由该论述可推测出一系列结论，而主句又否定了其中某个或某些结论。例如：

(117) Aunque es pobre, viaja mucho.

从句中先建立了一个论述，即es pobre，由此可推断出如trabaja mucho，nunca va de vacaciones，no gasta nada en los hobbys等结论，但是主句viaja mucho否定了前文推导出的这些结论。

课外阅读

关于表示让步的从句，请阅读下文。

Título: "En torno a las oraciones concesivas: concesión, coordinación y subordinación"

Disponible en:

<www.academia.edu/download/31300509/pg_189-206_verba8.pdf>

总体说来，aunque是让步从句最常用的引导词。让步从句一般位于主题的位置，且更多地使用虚拟式。除了aunque，能够引导让步从句的连词或连词词组可被分为以下几类：

第一类是aun，incluso或者ni siquiera加条件连词或表示时间的关系词，如表4.14：

表4.14　让步从句的引导词及例句（1）

Construcciones concesivas 引导让步从句的结构	Ejemplos 例句
aun si	*Aun si* me lo prometas, no confiaré en ti.
incluso cuando	*Incluso cuando* nevaba, jugábamos al fútbol en el campo.
ni siquiera cuando	No deja de trabajar, *ni siquiera cuando* no está el jefe.

第二类是将虚拟式变位的动词重叠使用，如表4.15：

表4.15　让步从句的引导词及例句（2）

Construcciones concesivas 引导让步从句的结构	Ejemplos 例句
decir...decir	*Digas lo que digas*, no confío en ti. *Lo diga quien lo diga*, no lo creo.
correr...correr	*Corras lo que corras*, llegarás tarde.
comer...comer	*Comas como comas*, no te engordarás.
otros verbos	*Llueva o nieve*, nunca falta a las clases. *Llueva o no llueva*, siempre va al trabajo.

第三类通过连词así（注意此时不是副词，而是连词，表达夸张的修辞效果）引导虚拟式的从句形成让步的含义，如表4.16：

表4.16　让步从句的引导词及例句（3）

Construcciones concesivas 引导让步从句的结构	Ejemplos 例句
así	*Así* tenga que recorrer el mundo entero, la encontraré. No contaré la verdad *así* me mates.

第四类是通过mal que pese a alguien（意为aunque desagrade a alguien）

构成，该结构意为"无论外界环境或状况如何，无论如何"，具有强调的效果。如表4.17：

表4.17 让步从句的引导词及例句（4）

Construcciones concesivas 引导让步从句的结构	Ejemplos 例句
mal que pese a alguien	Tendrás que colaborar conmigo, *mal que te pese*. Ese tío sigue siendo presidente, *mal que nos pese*. No he podido hacer nada para impedirlo, *mal que me pese*.

第五类是通过si bien连接从句，从句中使用陈述式来表达让步的语义。如表4.18：

表4.18 让步从句的引导词及例句（5）

Construcciones concesivas 引导让步从句的结构	Ejemplos 例句
si bien	*Si bien* es verdad lo que dices, no te voy a ayudar.

在学习让步从句时，判断是否使用虚拟式是一个难点。我们一般认为虚拟式表达的是不确定的、未知的事，但是在让步从句中，有时情况并非如此。请对比以下两句：

(118) a. Aunque está lloviendo, tienes que ir al cole.

b. Aunque esté lloviendo, tienes que ir al cole.

按照一般的看法，当说话人在说例句a的时候，他知道外面在下雨；在说例句b时，由于aunque从句中使用了虚拟式，表示外面没在下雨，或者外面在下雨但是说话人对此全然不知。当然，这样理解是没有问题的。

但是，例句b不仅仅局限于此。换言之，如果外面在下雨，说话人也知道此事，他仍然可以使用虚拟式esté lloviendo。这是因为正如词法部分讲过的，虚拟式用于表达态度、情感，(118)b句使用虚拟式以后，降低了

aunque从句的重要性，提高了主句的地位，表达出自己的态度：我知道外面下雨了，但是别说是下雨，就是下刀子，你也得去学校。由此也可以看出，在aunque从句中若使用虚拟式，不一定表示不确定或未知，有时只是为了强调语气，凸显主句的重要性。

 随堂练习

以下均为条件从句，请将原型动词进行适当的时态变位（有些空格处可能不止一种选项）。

(1) Aunque no _____ (saber, yo) si vienen todos a comer, _____ (preparar, yo) más comida.

(2) A pesar de que no le _____ (gustar), _____ (seguir) leyendo el libro.

(3) _____ (escribir, él) muy bien, si bien a veces _____ (cometer, él) errores.

(4) Aun si _____ (pagar) la multa, me _____ (seguir) prohibiendo la marcha.

(5) Incluso cuando no _____ (ser) legal, me _____ (echar) del trabajo por estar embarazada.

(6) _____ (pasar) lo que _____ (pasar), yo te _____ (querer) igual.

(7) Aun cuando _____ (parecer) buena persona, no me _____ (fiar) en absoluto de él.

(8) Por más que _____ (gritar), nadie me _____ (echar) una mano.

(9) La _____ (seguir) amando, mal que me _____ (pesar).

(10) No _____ (acudir) al dentista así me _____ (matar).

第五章　语义及语用

Una lengua es una lógica.

Émile Zola

在学习之前，我们先来看一则笑话：

Dos gallegos charlando:

—Sabes, al final encontré trabajo en Santiago.

—De qué?

—De Compostela.

你理解这则笑话的笑点了吗？你知道这个笑点是如何产生的吗？学习完这一章你就能解答这个问题了。

5.1 语义及语义学

"语义"一词译自semántica，它来源于希腊语的σημαντικός（semantikos），原意为significado relevante。其前缀sema-意为signo或señal（也正因为这个原因，semáforo及semiótica都具有该前缀）。

语义，顾名思义就是语言的意义。但由于语言是由不同层级的单位组成的，所以处在不同层级的语言单位也就具有各自的意义，也就是说，有语素义、词义、词组义、句义等。

那么问题又来了，什么是"意义"呢？这也是研究语义时首先需要明白的。

5.1.1 几个基本概念

我们先来思考这样一个问题：东瀛、扶桑、霓虹国、岛国这四个表达方式在汉语中往往都可以用于指示同一个国家——日本，但是四者的意义相同吗？如果不同，其所指的对象为何能是同一个事物？如果相同，四者共同存在又有什么价值呢？完全可以用一个替代另外三个。

这里，首先引入一个术语——指称（referencia/referente）。所谓指称，一般指的是客观对象，例如，在上面的例子中，东瀛、扶桑、霓虹国、岛国这四个表达方式都有同一个指称，那就是日本这个国家。指称这种方法在解释专有名词（nombre propio）时非常有效。再如，当我们说"佛朗哥时代结束后的第一任国王胡安·卡洛斯一世"时，我们是用"佛朗哥时代结束后的第一任国王"和"胡安·卡洛斯一世"来指一个特定的人。但是，当这种方法用于指称普通名词（nombre común）时，就遇到了问题。例如，当一个学生在阅读西班牙语文章时，遇到了pendrive这个词，不明白是什么意思，就举手问老师：

(1) ¿Qué significa **pendrive**?

此时，老师可能随手拿起一个U盘并且告诉他：

(2) Mira, esto es un **pendrive**.

学生由此会明白pendrive的意思是U盘，并且在以后见到各式各样的U盘时都会知道它们叫pendrive。虽然学生在未来见到的U盘和老师在课堂上举起的不一样，但学生明白老师只是拿它作了一个实例。从这里也可以看出，在人眼所见的具体事物之外，还有某种抽象的东西，需要我们通过思维来感知。这种抽象的东西就叫作概念（concepto）。

英国语言学家、哲学家奥格登（Charles Kay Ogden）和理查兹（Ivor Armstrong Richards）于1923年出版了 *The Meaning of Meaning* 一书，他们认为词、指称与概念构成了一种三角关系（图5.1），并把这种关系命名为语义三角（triángulo semántico）。

课外阅读

Título: *The Meaning of Meaning*

Disponible en:

<s-f-walker.org.uk/pubsebooks/pdfs/ogden-richards-meaning-all.pdf>

图5.1 语义三角

词是用来反映所指的符号，当然，它可以以图形、声音、文字等多种形式出现；所指反映的是人、物、事、现象等；概念是说话人或听话人头脑中产生的有关所指的意义。一般说来，三者的关系是：站在说话人的角度看，所指唤起听话人头脑中的概念，听话人通过概念联想到词。反过来，站在听话人的角度看，听话人通过声波传播接收到词后，触动大脑中的概念，再由概念联系到所指。所以一般情况下，词反映概念，概念再反映所指，三者是间接的关系，概念仅作为中介。但是，在上面说到的关于pendrive的例子中，其实出现了词所指的直接联系。

我们再想一下，当学生问下面这个问题时：

(3) ¿Qué significa pendrive?

老师很可能有很多方法来解答，例如直接回答：

(4) a. El pendrive es un tipo de dispositivo de almacenamiento de datos que utiliza memoria flash para guardar datos e información.

b. El pendrive en chino se llama U盘.

如果老师采取的是a的做法，则是通过描述使学生在大脑中建立起概念，使学生通过这个概念明白pendrive的所指，这正好符合上面所讲的间接的关系。如果老师采取b的做法，则更为间接：学生听到U盘这个词，在头脑中产生概念，再联想到所指。

英国语言学家利奇（Geoffrey Leech）在 *Semantics*（1974）一书中引入了"含义"（sentido）这个术语。他将含义定义为实体具有的抽象属性，例如pendrive的含义是un tipo de dispositivo de almacenamiento de datos que utiliza memoria flash para guardar datos e información。因此在他看来，概念包括含义和所指。

需要说明的是，每个词当然都有含义，否则就无法被我们理解。但是每个词并非都有所指，或者所指并不存在。例如fantasma, infierno, dragón等词虽有所指，但其所指在现实世界中未必存在，是想象出来的事物；y, también, uy, de等语法词完全没有所指。

5.1.2 意义的种类

奥格登和理查兹在 *The Meaning of Meaning* 一书中罗列了当时学界提出的主要定义，并率先将意义分为16大类、22小类。

之后，利奇在 *Semantics* 一书中归纳了以下3大类7小类意义：概念意义（significado conceptual/denotativo）、联想意义[significado asociativo，包括内涵意义（significado connotativo）、风格意义（significado estilístico）、感情意义（significado afectivo）、反映意义（significado reflejo）、搭配意义（significado conlocativo）]及主题意义（significado temático）。

课外阅读
Semantics 一书的西班牙语译本：
Título: *Semántica*
Disponible en:
<https://es.scribd.com/document/88729624/Leech-Semantica>

概念意义是词典上所列出的意义，它是词中表达概念的部分，是客观

现实经过人的大脑概括以后，反映在语言中的意义。概念意义是词义的核心部分，是词义研究的主要对象。

内涵意义是交际中语言传达出来的意义，是对现实事物的一种附加意义。内涵意义可有可无，并且会根据文化、历史、个人经验的不同而有所变化。例如，"怀孕"这个词或这个行为，在不同的文化圈中，其内涵意义可能截然不同。

课外阅读

Título: *Curioso origen de la palabra embarazada*

Disponible en:
<http://bvs.sld.cu/revistas/gin/vol41_1_15/gin11115.htm>

回想一下，大家在最初学习西班牙语时，常常混淆embarazada和embarazosa这两个词。两个词的拼写如此之相似，难道只是巧合，没有什么更深层的内在联系吗？再想一想，在中国传统文化中如何指涉"怀孕"呢？——有喜了。另外需要注意的是，内涵意义不仅仅存在于语言中，在绘画、音乐、雕塑等艺术形式中都会出现。例如，同样是带有一头公牛和少女的画作，在欧洲可能被理解为宙斯与欧罗巴，象征着偷情；在中国可能被理解为牛郎与织女，象征着忠贞的爱情。

风格意义又称为社会意义（significado social），是使用语言时传达出的有关社会场合的信息。不同的人在不同的交际场合使用语言时赋予的风格意义一定不同，如口头语和书面语、专业语言和非专业语言等。

感情意义指的是说话人表达出来的情感态度。词的褒义和贬义、礼貌性（cortesía）及非礼貌性（descortesía）等特征都属于情感意义。

反映意义是指同一个表达方式传递出其他的意义。当一个词含有多个意义时，很多情况下就会产生这种效果。

搭配意义指的是适用于某一语境的意义。也就是说，搭配意义是词与词的搭配习惯或词在固定的组合中所具有的意义，是在具体的语境中所产生出的意义。同一个词在与不同的词搭配，或者与相同的词以不同的位置搭配，所表达出的意义都可能是不同的。例如，西班牙语中一些形容词前置与后置造成意义不同就属于这种情况。

主题意义是通过词序、强调、信息焦点等方式表达出来的意义。如：

(5) a. Juan golpeó a Julio con un libro.

　　b. Julio fue golpeado por Juan con un libro.

　　c. A Julio le golpeó Juan con un libro.

　　d. Fue Juan quien golpeó a Julio con un libro.

　　e. Fue un libro con el que Juan golpeó a Julio.

　　f. Fue a Julio a quien golpeó Juan con un libro.

　　g. Con un libro Juan golpeó a Julio.

通过对比以上几句可以看出，虽然表面上看起来几个句子表达的意思差不多，但实则强调的重点完全不同。由此可以看出，通过改变句子的句法结构或者语序，就能改变句子的主题意义。

 随堂练习

简要比较**perro**，**mono**，**color rojo**在西班牙及中国文化背景下内涵意义的区别。

5.1.3 指示

指示（deixis）一词来源于希腊语的deiktikos，意为lo que señala o indica。它指的是能通过某个参照来确定时间、空间、人物等的词。假设某一天我们走在校园里，捡到一张小纸条，上面写着：

(6) Te quiero mucho. Nos vemos aquí mañana a la misma hora.

虽然这两句话的意思再清楚不过，但是我们真的明白要说的是什么吗？字条上的te是在指捡到这张纸的你吗？quiero的主语又是谁？aquí是哪里？mañana是相对于哪一天而言的？la misma hora又是以哪个时间为参照的？可以看出，以上这些词或短语没有一个固定的所指，而是根据它使用的语境来确定的。也就是说，指示恰好展示出语言的理解是离不开语境的。

指示一般分为人称指示（deixis personal）、时间指示（deixis temporal）、空间指示（deixis espacial）以及语篇指示（deixis textual）。

1）人称指示

人称指示是关于辨认交际中说话双方和其他所谈及的参与者的一种指示类型。西班牙语中最主要的人称指示方法有两种：一是利用代词（表5.1），二是利用变位动词。

表5.1　西班牙语代词体系

Persona	Número	Sujeto	Objeto directo	Objeto indirecto	Complemento preposicional
hablante 1ª persona	sing.	yo	me	me	mí
	pl.	nosotros/a	nos	nos	nosotros/as
oyente 2ª persona	sing.	tú vos usted	te te lo/la	te te le	ti vos usted
	pl.	vosotros/as ustedes	os los/las	os les	vosotros/as ustedes
ni hablante ni oyente 3ª persona	sing.	él/ella	lo/la	le	él/ella
	pl.	ellos/ellas	los/las	les	ellos/ellas

从上表可以看出，同一个人称，其代词处于某些格的形态时有性与

数的区分，处于其他格时可能缺少性与数的变化，这一现象完全是历史造成的，其核心原因是以前讲过的语言的任意性。西班牙语中第一人称代词（包含各种格的形式）以及第一人称变位的动词指示的是说话人，第二人称代词及第二人称变位的动词指示的是听话人，第三人称代词及第三人称变位的动词指示说话人及听话人以外的人。

除了人称代词和变位动词可以进行人称指示外，在一些语境下，也可以利用指示代词或者限定词和名词搭配的形式，如：

(7) a. ¿Qué te ha dicho **aquella**?

b. **Este chico** sí que vale.

另外，在西班牙语和汉语中，有时人称代词所指示的对象并非这个代词本身所指示的，需要根据语境去判断。例如，老师有时可能说出这样的句子：

(8) a. 同学们，再过两个月就是专业八级考试了，**咱们**要开始好好复习啦！

b. Chicos, mañana **hacemos** un ejercicio práctico.

以上两句中，老师在和学生讲话时都以第一人称复数的口吻，但是显然老师不被包含在施行动作的人当中。这样使用指示是为了拉近听话人与说话人的距离。类似这样的例子在真实的语言使用中还有很多，我们可以一起留心观察。

2）时间指示

时间指示确定了所谈及的事件发生的时间。常见的用于时间指示的表达方式有时间副词（如ayer，mañana，entonces等）以及名词性词组（如el año que viene，esta tarde等）。

除此之外，动词的时态变化形式也是判断时间指示的重要信息。如：

(9) a. Te **llamo** esta tarde.

b. Te **llamé** esta tarde.

c. Te **llamaré** esta tarde.

d. Te **llamé** cuando iba a salir de casa.

e. Te **llamé** después de ver la peli.

f. Te **había llamado** antes de que salieras de casa.

g. Te **habré llamado** antes de que salgas de casa.

例句a，b和c中，动词llamo和llamaré的参照点（punto de referencia）均是言语行为发生的时刻（el momento de habla）；例句d及e的llamé同样是简单时态，因此参照点同样是言语行为发生的时刻，而不是cuando iba a salir de casa以及después de ver la peli。例句f及g中，llamar使用了复合时态había llamado及habré llamado，其参照点为后面半句antes de que salieras de casa和antes de que salgas de casa。

3）空间指示

空间指示用于指出交际双方及事件发生的空间位置。常用于表达空间指示的有：指示代词、指示限定词加名词（如este lugar，esa calle等）及副词（如aquí，allá等）。汉语中使用二元关系进行空间指示，而西班牙语中使用三元关系（表5.2）：

表5.2 汉语及西班牙语空间指示对比

语言	位置		
	Próximo 近	Mediano 中	Distal 远
español	este/a aquí/acá	ese/a ahí	aquel/aquella allí/allá
chino	这个 这里		那个 那里

一般说来，este/a与aquí/acá指示离说话人较近的事物，ese/a及ahí指示离听话人较近的事物；aquel/aquella及allí/allá指示离双方都较远的事物。但

是，这里的远与近很多时候是心理的感受，并不能直接与实际距离对等。例如，某人可以说：

(10) **Este** dedo me duele mucho, pero **ese** no.

手指本身相邻，间距很小，但是说话人依然可以使用este及ese指示。

另外，西班牙语中的ir和venir，llevar和traer等也能表现出空间指示。特别是对于"来"和"去"，汉语和西班牙语有时是有区别的。假设我们正坐在家里看电视，忽然听到有人急促地敲门。在我们起身去开门时，可能会说：

(11) 来啦！

而西班牙语中，在同样的语境下会说：

(12) ¡Ya va!

也就是说，在这个语境下，西班牙语中以说话人为参照物，汉语中以听话人为参照物。

4）语篇指示

语篇指示功能指向语篇内部的某个元素，而非外部世界的元素。如：

(13) a. En **el párrafo anterior**, hicimos una breve introducción a la situación actual.

  b. Me dedicaré a explicar esto en **la siguiente sección**.

以上例句的黑体部分即用于语篇指示。虽然anterior和siguiente看似空间指示或时间指示，但在此处指语篇内部的内容。

但是，在有些语境下，时间指示、人称指示、空间指示与语篇指示容易被混淆，如：

(14) a. Ayer llegaron Julio y José, **este** más tarde que **aquel**.

  b. Julio y Eva salieron del teatro. **Él** lloraba y **ella** reía.

在例句a中，虽然este与aquel是典型的用于空间或人称指示的词，但是在这个特定的语境下，este指代离这个词较近的José，aquel指代离这个词较远的Julio，因此这时este与aquel用于语篇指示。同样，在例句b中，这种用法的代词被称为照应代词（pronombre anafórico），此时él和ella并非用于人称指示，而是语篇指示，指示在前文出现过的词。

 随堂练习

1. 标出下列句子中用于人称指示的成分，并且说明指示的人称是谁。

    (1) Ya se fue.

    (2) Cuenta conmigo.

    (3) El profesor dice a los estudiantes: «Mañana hacemos el examen final.»

    (4) Le he dicho que la quiero mucho.

    (5) Tu primo está saliendo con mi hermana.

2. 说出以下句子黑体部分的时间参照点。

    (1) Ya **llevaba** dos días vomitando antes de ir al médico.

    (2) El súper **había cerrado** antes de que llegáramos.

    (3) María **cenaba** tarde cuando estudiaba en el bachillerato.

    (4) El chico **iba** a un instituto cercano hasta que su familia se mudara.

    (5) Mientras preparaba la comida, **se fue** la luz.

3. 说出以下句子黑体部分的指示功能（人称指示、时间指示、空间指示及语篇指示）。

    (1) Nos vemos mañana **en el café**.

    (2) ¿Has oído **eso**?

    (3) ¡Te **quiero** tanto!

    (4) Nunca he leído el Quijote porque **esa obra** es muy difícil.

    (5) ¿De quién es **ese libro**?

(6) Nací en 2008. En **ese año**, se celebraron los JJ. OO. en Pekín.

(7) Tráeme **ese plato**.

(8) Mira este bicho **aquí** en el suelo.

(9) Dame mi portátil. **Este** no funciona.

(10) Voy a **llevar** al niño al cole.

5.1.4　语义学

语义学是研究语言单位意义的学科，是语言学的内部学科。语义学主要关注语义的各种性质、类型、语义关系、语义的结构和功能、语义的形成和演变等。

虽然semántica一词在古希腊语中就存在，但是传统上的语义研究并非独立的学科，并且也没被划归为语言学的研究领域，而是被放到了词汇学（lexicología）当中。词汇学显然是以词为研究对象的，但是语义并不仅仅是词所拥有的。我们在前面说过，不同层级的语言单位都具有意义。因此，从20世纪开始，语义学从词汇学独立出来，成为语言学内一门单独的学科。

随着语义学研究的深入，其内部已经形成了不同的流派，如结构语义学（semántica estructural）、生成语义学（semántica generativa）、功能语义学（semántica funcional）、认知语义学（semántica cognitiva）等。结构主义语义学始于20世纪上半叶，从以美国为主的结构主义语言学发展而来，研究的内容主要在于词汇的词义和结构，如义素分析、语义场、词义之间的结构关系等。这种语义学也可称为词汇语义学（semántica léxica）。接下来要讲的词和词之间的各种关系（如同义词、反义词等）就是词汇语义学研究的一个方面。生成语义学始于20世纪六七十年代，从生成语言学发展而来。它借鉴了结构语义学对义素的分析方法，借鉴生成音系学的音位区别特征理论，认为语言最深层的结构是义素，而义素则通过句法变化和词汇化的各种手段实现表层的句子形式。认知语义学继承并颠覆了前两个学派。它主张词义是概念化的结果，与人类认知的方式紧密关联。这一学派关注词汇化、范畴化、概念化、隐喻、转喻以及语用推理等。

由于语义学是反映人类的思维过程和客观现实的，所以语义学与哲学、逻辑学、心理学、人类学有着紧密的联系，因此今天的语义学已经成为跨学科的交叉性学科，在计算机编码、人工智能等领域都发挥着重要作用。

5.2 词义的关系

要想明白一个词的意义，了解它和其他词的关系是非常重要的。例如，想知道entrecot是什么意思，那么至少需要知道它是ternera，vaca的一个部位，属于vacuno，与cocina相关；想知道delicioso的意义，那么至少需要知道它和gastronomía有关，与rico，bueno相似。不同的词，其意义之间有着不同的关系；同一个词，其意义之间也存在着多样的关系。接下来，我们介绍词义间最常见的7种关系。

5.2.1 同义关系

同义关系的术语是sinonimia，该词条来源于希腊语，由syn-（相当于介词con），onoma（意为nombre，如onomatopeya）及-ia（cualidad）构成，因此意为cualidad de palabras diferentes con el mismo significado。具有同义关系的词互称同义词（sinónimos）。

一对同义词中，每个词的意义所概括反映的现实现象有相同之处。如果将词的意义视为集合，那么同义词x与y的关系主要表现为交集

（图5.2）。

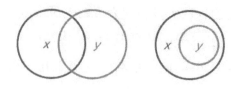

图5.2　同义关系

由此可以看出，虽然被称为同义词，但即使意义基本相同（如marido和esposo），也并非在使用中可以自由替换使用。任何语言中都不会存在意义及用法完全相同的词，因为如果两个词能够完全相互替换使用，那么其中一个的存在必然是多余的。

课外阅读

对同义词的定义及研究是语言学界一个古老又年轻的话题。关于同义词的前世今生，我们了解多少？请阅读下文。

Título: "Sinonimia y diferencia de significado"

Disponible en:

<http://sel.edu.es/rsel/index.php/revista/article/view/1510>

同义词的相同点主要体现在词的意义上，而不同点则有很多方面。例如，可以表现为词义所概括反映的侧面或重点有所不同，而这种不同又往往影响到搭配的习惯。如：

(1) entero—completo

二者都可表示"完整的，全部的"，在有些语境下可以互换，如：

(2) Este rompecabezas no está **entero/completo**.

但是，在同样的意义下，二者又有着不同的搭配习惯。例如，可以说：

(3) a. harina de grano **entero**　　全麦面粉

b. leche **entera**　全脂牛奶

但是不能说：

(4) a. *harina de grano **completo**

b. *leche **completa**

另外，还有些同义词具有不同的风格色彩。在不同的语境中，对不同的话题需要使用不同风格色彩的词语。最常见的是正式文体和非正式文体的不同风格。在正式文体中，要求用词精确、庄重、严谨；在非正式文体中，可以亲切、幽默、随性。如：

(5) dar—producir

二者都可以用于表示"植物结果实"，例如在以下句子中：

(6) El peral **da/produce** peras.

但是，producir较dar而言，更多地使用在正式文体中。

再如，morir，fallecer，subir al cielo及palmar都可指"死"，但是fallecer用于敬语，palmar用于口语，表现出戏谑的口吻，subir al cielo特指小孩的死亡，morir则使用广泛，没有褒义或贬义。

课外阅读

如何区分同义词的用法是学生常遇到的问题。以下这篇文章的作者以contestar及responder为例，为大家提供了一个研究视角。

Título: "Contestar versus responder. Análisis contrastivo de su combinatoria sintáctico-semántica"

Disponible en:
<https://revistas.ucm.es/index.php/CLAC/article/viewFile/39029/3765>

同义词在语言的使用中为准确、细致、丰富地表达思想提供了可能。正确地使用同义词是一门语言艺术，可以使语言生动活泼，避免反复使用

同一词条而显得词汇贫乏。另外，同义词也是学生学习外语时常见的难点，特别是在跨语言交际中，如果不能正确区分，常常会说出啼笑皆非的句子。例如，中国学生经常误用conveniente与cómodo，práctico与útil，complejo与complicado等。西班牙学生在学习汉语时，也会由于受到母语的影响而误用一些词。西班牙语中，gordo和grueso都可用于指人或物，表示"胖的"或"厚的"，可以说un libro gordo，因此西班牙学生在学习汉语时，往往会说"一本大胖书"。

 随堂练习

解释以下同义词的区别。

(1) asno—burro

(2) coger (un autobús)—tomar (un autobús)

(3) complejo—complicado

(4) estar—encontrarse—hallarse

(5) comenzar—empezar

(6) librar—libertar—liberar

(7) odontólogo—dentista

(8) función—funcionamiento

(9) arrendar—alquilar

(10) cotejar—comparar

(11) real—auténtico—verdadero

(12) viejo—antiguo

(13) llorar—lagrimar

(14) estudiante—alumno

(15) profesor—maestro

5.2.2 反义关系

反义关系的术语是antonimia，由anti-（意为contrario或opuesto）、onoma（nombre）及-ia（cualidad）构成，因此意为cualidad de palabras que tienen un significado opuesto。具有反义关系的词互称反义词（antónimos）。

课外阅读
词典中是如何定义antonimia的？请阅读下文。 Título: "El concepto de antonimia en los diccionarios de lingüística" Disponible en: <https://rodin.uca.es/xmlui/bitstream/handle/10498/8729/18228471.pdf>

在学习反义词之前，我们先来观察以下三组反义词的特征。

(7) a. listo—tonto

　　b. gordo—flaco

(8) a. vivo—muerto

　　b. pasado—futuro

(9) a. padre—hijo

　　b. comprar—vender

　　c. delante—detrás

以上三组反义词之间有什么区别吗？这三组反义词的关系分别被称为等级反义关系（antonimia gradual）、互补反义关系（antonimia complementaria）以及反向反义关系（antonimia recíproca/conversa）。

1）等级反义关系

所谓等级反义关系，指的是互为反义的一组词在意义上表现出相对及渐变的特征。例如，在a组中，listo与tonto间存在不同的等级，可以区分出muy listo，bastante listo，un poco listo，un poco tonto，bastante tonto，muy tonto等。当然，除了通过在词前添加修饰成分来标记等级的方法外，很多反义词之间也存在独立的词条。以caliente和frío为例，其间可加入templado，fresco等词条。因此，如果用x和y表示一组等级反义词，其相对关系可抽象为图5.3。

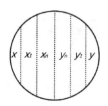

图5.3 等级反义关系示意图

等级反义词之间的关系类似于逻辑学中的反对命题，即如果两个命题不能同时为真，但是可以同时为假，则一个是另一个的反对命题。如：

(10) a. proposición 1: Hace **frío**.

b. proposición 2: Hace **calor**.

以上两个命题不能同时为真，因为同一个时空内天气不能既冷又热；但是可以同时为假，因为同一个时空内可以是clima templado，因此两个命题互为反对命题，frío与calor是等级反义词。

2）互补反义关系

上面b组中的两对反义词互为互补反义词。与等级反义词相比，互补反义词每对之间彼此互补。也就是说，它们把一个语义场一分为二：对其中一方的肯定意味着对另一方的否定，反之亦然。例如，一个生物体，一般来说只能处于或者vivo或者muerto的状态。当然，有同学会提到量子物理学领域的薛定谔的猫这一猜想，但是在大多数人常规认知的世界中，只存在非此即彼的现象。另外，西班牙语中虽然存在medio muerto的表达方式，汉语中也存在"半死不活"的说法，但这两个词组其实都是在描述

vivo的一种状态。因此，这类反义词的相对关系可抽象为图5.4。

图5.4　互补反义关系示意图

互补反义词之间的关系类似于逻辑中的矛盾命题。也就是说，当两个命题既不能同时为真，也不能同时为假时，二者互为矛盾命题。如：

(11) a. proposición 1: Es **inocente**.

　　　b. proposición 2: Es **culpable**.

以上两个命题不能同时为真，因为一个人不可能既有罪又无罪；同样，反过来说，两个命题也不能同时为假。由此可以判断，两个命题互为矛盾命题，所以inocente与culpable互为互补反义词。

3）反向反义关系

反向反义关系指的是反义词之间不构成肯定—否定的对立，而是表现两个实体之间的一种反向关系。例如，如果A是B的padre，那么B就是A的hijo/a；如果A相对于B是vender，那么B相对于A就是comprar；如果A处于B的delante的位置，那么B就处于A的detrás的位置。由于这类反义词总是对立出现的，涉及两个实体，一个预设另一个，如果缺少一个则另一个不成立，因此也被称为相互反义词（antónimos recíprocos）。

就等级反义词或互补反义词而言，如果我们说：

(12) a. Juan es **guapo**.

　　　b. Juan está **vivo**.

这里并没有预设，完全是Juan自己的事情，跟其他人无关。但是，对于反向反义词而言，总存在两个方面。

在这个类型中，形容词的比较级形式占据了很重要的一部分。例如，当我们说：

(13) a. Juan es **más alto**.

　　b. Juan es **menos guapo**.

　　c. Juan **come menos**.

　　d. Juan corre **más rápido**.

此时一定涉及另一个与Juan对比的个体，所以形容词的比较级形式一般情况下都属于反向反义关系①。

 随堂练习

判断以下各组反义词属于等级反义关系、互补反义关系还是反向反义关系。

(1) madre—padre

(2) guapísimo—feísimo

(3) dar—recibir

(4) rápido—lento

(5) profesor—alumno

(6) contento—triste

(7) conveniente—inconveniente

(8) verdadero—falso

(9) mejor—peor

(10) encima de—debajo de

(11) vender—comprar

(12) sencillo—complicado

(13) masculino—femenino

(14) luz—oscuridad

(15) evacuar—retener

---

① 比较级mayor稍微特殊一些，因为它本身可以作为非比较的概念使用。

5.2.3 上下义关系

上下义关系包括上义关系（hiperonimia）和下义关系（hiponimia）。上下义关系指的是词义反映的现象之间具有包含和被包含的关系。处于上位义的词被称为上位词（hiperónimo），它更具有概括性，所反映的现实、现象涵盖了处于下位义的下位词（hipónimo）。例如，rosa之意包含在flor中，所以rosa是flor的下位词，flor是rosa的上位词。也就是说，上下义关系是种类和成员之间的关系。

词义的上下义关系是可以分层级的。如gato的上位词是animal，但是animal的下位词除了gato还可以有perro，mono，vaca等，并且这些词可以作为上位词继续细分，从而形成一个庞大的关系网（如图5.5）。

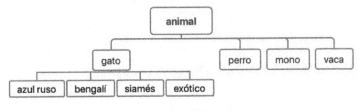

图5.5 上下义举例（1）

语言中词的上下义关系类似于逻辑上的种属关系：上位词相当于逻辑上的种的概念，下位词相当于属的概念。但是，由于不同的文化、不同的学科背景会造成语言使用者认知的不同，所以不同语言中，同一个词的上位词或下位词可能是不同的。以鳄梨（在墨西哥叫作aguacate，在南美洲叫作palta）为例，在中国，鳄梨很多时候被归为水果，因为译名中含"梨"字，并且常在水果店出售。但是，在西班牙语国家，鳄梨则被视为蔬菜。除此之外，番茄、南瓜、黄瓜、茄子等被广泛作为蔬菜食用的植物，在生物分类学中均被视为水果（图5.6）。

中文使用者认知：

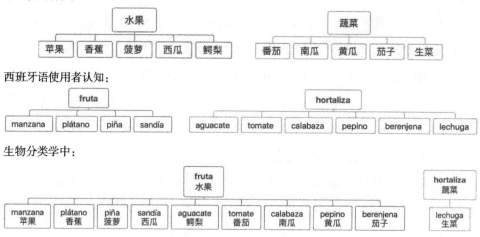

西班牙语使用者认知：

生物分类学中：

图5.6 上下义举例（2）

由此也可以看出，我们对语义的认识往往是基于对世界的主观认识，而并非脱离语言使用者从外部客观的考察。

 随堂练习

判断以下各组词是否存在上下义关系，如果存在，说出哪个是上位词，哪个是下位词。

(1) año—tiempo

(2) oreja—cara

(3) familia—padre

(4) olor—aroma

(5) pez—delfín

(6) guindilla—verdura

(7) pendiente—joyas

(8) violeta—rojo

5.2.4 不兼容关系

不兼容关系（incompatibilidad）描述的是属于同一语义场的多个词之间的关系，每个词的意义排除了其他词，但也并不形成对立的关系。如：

(14) a. gato—perro—mono—vaca
b. rojo—verde—naranja—blanco—azul—marrón

在a组中，如果是gato，那么必然不可能是perro，mono或vaca；在b组中，如果是verde，那么一定不会是rojo，naranja，blanco等。因此，从这个角度看，两组中每一个词都与其他的词存在不兼容的关系。结合上面讲过的上下义关系可以看出，处于同一层级的词均具有不兼容性。

 随堂练习

请思考，以下几组词之间是等级反义关系还是不兼容关系，为什么？

(1) blanco—negro

(2) frío—caliente

(3) triste—feliz

5.2.5 同音异义及同形异义关系

同音异义及同形异义关系对应的术语是homonimia，其词首homo-意为"同"。该关系包括两种情况，或是发音相同、意义不同的词（如encima与enzima，"导弹"与"捣蛋"），称为同音异义词（homófonas）；或是写法相同、意义不同的词（如名词trabajo与变位动词trabajo，表示古代官职的"大夫"与表示医生的"大夫"），称为同形异义词（homógrafas）。对于这两类词，在不特别强调的情况下，可统称为homónimas。

这种语言现象大量存在于各种语言中，有时会对口语交际中含义的理解造成影响，有时也被用于产生笑料。我们先来看一组同音异义词的例子。

(15) 郭德纲：我认识他的时候十六七。那会儿来说，我们这样的叫北漂。

于　谦：就是漂在北京。

郭德纲：到了北京羡慕人家这样的。

于　谦：我是北京人嘛。

郭德纲：那会儿他在专业的曲艺团体。

于　谦：有正式的单位。

郭德纲：一个月挣八百块钱的工资。

于　谦：那就不少了。

郭德纲：羡慕。后来一想人家于谦儿应该挣八百。

于　谦：怎么我就应该挣八百呢？

郭德纲：你看，有一个成语说得好嘛。

于　谦：怎么说的？

郭德纲：**千儿八百的**。

(16) Va un enano a una tienda para comprar detergentes.

　　—¿Tienes detergentes en gel?

　　—¿Para la **vajilla**?

　　—No, ¡para tu puñetera madre!

在第一个例子中，"千"与"谦"是同音异义词，利用这一特点，将口语中的常见表达方式"千儿八百"中的"千"巧妙替换为听话人的名字——"谦"，达到幽默的效果。在(16)句中，一个enano（小个子、侏儒）去买洗涤剂，当店员问道是否用于洗vajilla（盘子）时，由于vajilla与表示"矮小"的形容词bajilla是同音异义词，从而造成幽默效果。

关于同形异义词的例子也有很多，如：

(17) 苗阜：我给你说几个故事你就明白我看过没看过《山海经》了。

《精卫填海》，有没有？

王声：有，《大荒西经》里有载。

苗阜：我不知道它哪儿的，我就看过这个。

王声：看过这故事。

苗阜：精卫填海，为什么填海？

王声：为什么？

苗阜：大汉奸！好家伙，投靠日本人，这抓住就直接按下去！

王声：**精卫填海**是把**汪精卫**填海里头了！

(18) —¿Te vienes a ver una serpiente que le han traído a Pepe?

　　—¿**Cobra**?

　　—No, no. Gratis.

在(17)中，借用精卫填海中的"精卫"与"汪精卫"同音异义，达到幽默的效果；在(18)中，cobra既可以表示"眼镜蛇"，也可理解为动词cobrar的第三人称单数变位，意为"要付钱的"，所以当说话人回答gratis时，产生幽默的效果。

西班牙语中，存在大量的音、形相同，但意义不同的词。这些词，有些原本在拉丁语中书写方式不同，但在引入西班牙语后被统一形式；有些是动词的屈折形式与其他词巧合重叠而成。对于这类词，阅读理解时要特别留心。有些词可通过所搭配的其他成分判断出来，如：

(19) a. Despertó de un **coma** de tres meses.

　　b. Expuso la teoría sin faltar una **coma**.

我们知道，coma一词既可表示"昏迷"，也可表示"逗号，小数点"。在区别两个含义时，通过其限定词的性即可判断。再如：

(20) (hablar por teléfono)

　　—¿Dónde estás?

—En el **banco**.

在这个例子中，banco 既可以表示"长椅"，也可以指"银行"，并且都是阳性名词，此时就比较难判断。这种情况下，只能通过语境去理解。

同形异义词的判断标准一般是看几个词是否有相同的词源（etimología）：如果词源不同，则是同形异义词；如果词源相同，则是下面要讲的多义词。一般来说，词典在收录词条时，会将同形异义词单独成条。以皇家语言学院的词典 *Diccionario de la lengua española* 为例，同形异义词会在词条的右上角加注上标（superíndice）。如 cola 一词的注解为：

cola[1]

Del lat. vulg. *coda*, y este del lat. *cauda*.

1. f. Extremidad posterior del cuerpo y de la columna vertebral de algunos animales.
2. f. Conjunto de cerdas que tienen ciertos animales en la cola.

...

cola[2]

Del gr. κόλλα *kólla*.

1. f. Sustancia pastosa que sirve como adhesivo, especialmente en carpintería.

cola[3]

Del mandinga *k'ola*.

1. f. Semilla de un árbol ecuatorial, de la familia de las esterculiáceas, que por contener teína y teobromina se utiliza en medicina como excitante de las funciones digestivas y nerviosas.
2. f. Sustancia estimulante extraída de la cola.
3. f. Bebida refrescante que contiene cola.

由此也可以看出，虽然同形异义词写法相同，其所反映的现象之间并无直接联系。

5.2.6 多义关系

具有多义关系（polisemia）的词称为多义词（palabra polisémica）。其术语是 polisemia，其中 poli- 意为 muchos，-semia 意为 significado。一个词的

意义可以只概括反映某一类现实现象，也可以概括反映相互有联系的几类现实现象。后者即为多义词。

> **课外阅读**
>
> 虽然词源是分辨同形异义词和多义词的重要依据，但是对词源的追溯往往具有很大难度。以flamenco一词为例，为什么它既可以指"弗拉门戈舞蹈"，又可以指"火烈鸟"？二者看似无相关性，但为什么使用同一词条？下面这篇论文为我们提供了一种解读视角。
> Título:"¿Qué canta y baila, corta y vuela, y viene del norte a la vez? El flamenco: un complejo problema de homonimia/polisemia"
> Disponible en:
> <http://rdtp.revistas.csic.es/index.php/rdtp/article/viewArticle/130>

正如前面所说，同形异义词是不同的词由于形式重合而产生，而多义词是由于一个词自身含有多个含义而造成，二者的认定方式一般根据词源来确定。

多义词的各意义之间，存在一个原始的、最基础的意义，以及其他在使用中扩展出来的意义，这些意义最终交织成一张有相关性的网络。以iluminar一词为例，其主要意义有：

1. Dar luz sobre una cosa o un lugar.

2. Adornar una cosa con luces.

3. Dar color a las figuras de un dibujo o un grabado.

4. Aclarar, orientar, dar cultura a una persona.

西班牙语中的iluminar这个词来源于拉丁语的illuminare，其中，词首il-（in-）意为hacia el interior或intensamente，词根luminare意为aplicar una fuente de luz，来源于lumen。而lumen又由词根lux（即luz）和后缀-men

（表示工具、结果、方式等）构成。因此，lumen原用于指代自然光源（fuente natural de luz），illuminare原意为bañar intensamente con una fuente de luz或alumbrar。在实际使用中，iluminar取"照亮（某地或某物）"之意，又衍生出"用彩灯装饰，（给图画）上色，指引（人生），启迪"等含义。在以上列举的iluminar的四个意义中，第一项就是原始意义，后三项是随着使用扩展出的意义。

由这个例子也可以看出，一个词在产生之初大多是单义的，但是随着使用，带有关联性的扩展意义也用它来表达，这样就形成了多义词。所以，多义词的原始意义与扩展出的意义在某一方面的特征一定有联系。一个词所能扩展出来的意义，除了受到其原始意义影响之外，还与语言使用的社会环境、风俗习惯、语言使用者的思维特征等息息相关，因而表达同一类现实现象的词义在不同的语言中会存在异同。还是以iluminar这个词为例，刚才已经说过，其原始意义为"照亮"，可扩展出"启迪"的含义。汉语中的"照亮"一词同样可以扩展出这个意义。例如，西班牙语中可以说：

(21) Mi maestro me **iluminó** desde mi juventud.

汉语中同样可以说：

(22) 思想点亮未来，《论语》照亮人生。

所以，从这个角度看，即使社会文化背景不同，iluminar和"照亮"仍然在西班牙语及汉语中扩展出了相同的意义。但是对于其他一些词的扩展意义，可能就截然不同了。如西班牙语中pelota一词，扩展出了hacer la pelota a alguien的表达方式，意为adular a una persona para conseguir una cosa。该意义在汉语中也存在，但不是通过pelota扩展出的，而是基于本民族文化，产生了"拍马屁"的表达方式。也就是说，西班牙人没有在"马的屁股"和"阿谀奉承"之间建立起联想关系，中国人也没有在pelota

（球）和"阿谀奉承"之间建立起联想关系。

一个词扩展出的意义和它的原始意义之间存在着内在的联系，而两者所表示的事物之间的共同特征则是建立这种联系的纽带。词能够扩展出的意义就是顺着这条纽带延伸出去的。那么，扩展出的意义是通过什么方式在原始意义上产生的呢？这就是接下来要说的隐喻扩展。

 随堂练习

1. 根据所列举的意义，判断以下词是同形异义词还是多义词。

    (1) **metro**: medida de longitud—sistema de transporte público

    (2) **rico**: una comida deliciosa—tener mucho dinero

    (3) **llama**: conjugación del verbo *llamar*—alpaca

    (4) **saber**: tener conocimiento—tener sabor

    (5) **cámara**: herramienta para sacar fotos—habitación de uso privado

    (6) **sobre**: preposición—envoltorio

    (7) **gato**: animal—herramienta para levantar objetos pesados

    (8) **cara**: que es costosa—rostro

    (9) **corto**: acortamiento de *cortometraje*—contrario de *largo*

    (10) **sierra**: herramienta para cortar objetos—conjunto de montañas alineadas

2. 西班牙语中的hacer一词是多义词，它的同义词很多，如：**actuar, mandar, realizar, preparar, dedicarse a, ser apropiado, sumar, cumplir, obligar, apetecer**等。判断以下句子中hacer的同义词是哪个。

    (1) ¿Me ayudas a **hacer** el nudo de la corbata?

    (2) ¿Qué **hace** tu madre?

    (3) ¿Te **hace** que vayamos a tomar unas copas?

    (4) Siempre consigue **hacer** reír a su novia.

(5) Voy a **hacer** 35 años el próximo jueves.

(6) Juan **hace** el corredor número 3 en atravesar la meta.

(7) Mi mujer siempre me ayuda a **hacer** la maleta cuando tengo que viajar.

(8) En el teatro mi primo **hace** el papel de malo.

(9) La llave **hace** a todos los candados.

(10) **Hizo** pintar la pared del dormitorio.

3. 如之前所说，cola一词有多个意义。这些意义之间，有些有关联，有些没有关联。如：

   (1) Extremidad posterior del cuerpo y de la columna vertebral de algunos animales.

   (2) Sustancia pastosa que sirve como adhesivo, especialmente en carpintería.

   (3) Semilla de un árbol ecuatorial, de la familia de las esterculiáceas, que por contener teína y teobromina se utiliza en medicina como excitante de las funciones digestivas y nerviosas.

   (4) Extremo o prolongación posterior de cualquier cosa por oposición a cabeza o principio

   (5) Bebida refrescante que contiene sustancias de la semilla.

   (6) Serie de personas puestas una detrás de otra esperando turno.

   判断以下各句中的cola属于上面哪项意义。

   (a) A mi perro se la cortaron la **cola**.

   (b) Hay refrescos de **cola** sin cafeína.

   (c) El carpintero pegó las patas de la mesa con un tipo de **cola** fuerte.

   (d) Lo pusieron en la **cola** de la lista.

   (e) De la **cola** se obtienen sustancias tónicas.

   (f) Se formó una **cola** de cinco kilómetros debido al terrible accidente.

在以上(1)至(6)意义中，(1)(2)与(3)之间是同形异义关系，(4)(5)(6)与(1)(2)(3)的某项是一词多义的关系。请判断(4)(5)(6)分别与(1)(2)(3)中哪项是一词多义的关系。

4. 阅读以下几个笑话，看看你是否能够找到笑点，并且解释该笑点是通过同形异义特征还是一词多义特征实现的。

(1)

Una hija dice a su madre:

—Mamá, mamá, ¡Qué rica está la tortilla!

—Pues repite, hija.

—Mamá, mamá, ¡Qué rica está la tortilla!

(2)

Entran dos hombres en un ascensor y uno pregunta:

—¿Qué piso?

El otro lo mira y responde:

—Ahora mismo mi pie.

(3)

—Soy vidente. Por 15 euros te digo el futuro.

—¿15 euros solo? Vale.

—Yo seré vidente, tú serás vidente, él será vidente, nosotros seremos videntes...

(4)

—¿Qué es el arte?

—Morirte de frío.

5.2.7 隐喻扩展

隐喻扩展（extensión metafórica）是词衍生新意义的途径，也就是汉语中常说的引申。隐喻扩展主要包括隐喻（metáfora）和转喻（metonimia）两种方式。隐喻一词来源于拉丁语的metaphŏra，该词又来源于希腊语的μεταφορά（metaphorá），原意为llevar algo a otro sitio。这点很重要，因为由此可以看出，隐喻的核心是将我们所熟悉的领域的知识迁移到陌生领域当中。隐喻建立的基础是原本意义所反映的现实现象和扩展意义可以反映的现实现象存在某种相似性。例如：

(23) a. En esa reunión me **llovieron** críticas.

b. De informática estamos **en pañales**.

c. Tu mirada es un **regalo** para mis ojos.

可以看出，llover的原始意义是"下雨"，必须以无人称形式使用。在例句a)中隐喻为ocurrir varias cosas simultáneamente o en abundancia，成为及物动词。二者的相似性在于都有大量密集的物体落下。例句b)中，pañales原指"尿布"，但用于estar en pañales结构时，隐喻为tener poco o ningún conocimiento de una cosa的意义，类似于汉语中口语里常说的"菜鸟，小白"。例句c)中，regalo隐喻为cosa que provoca deleite，该意义与regalo的原始意义存在相似性。

课外阅读

可以看出，很多词组的形态具有固定的形式，如名词的单复数、阴阳性等不能随意改变等。这是西班牙语中非常有趣的一类现象。关于这一特征，可阅读下文。

Título:"Variantes morfológicas y unidades fraseológicas"

Disponible en:

<cvc.cervantes.es/lengua/paremia/pdf/008/033_garcia.pdf>

在西班牙语中，很多动物、植物、表示空间概念的词等都获得了隐喻意义。如利用动物隐喻人的某种特点：

(24) a. estar como una **cabra** → estar loco/a

b. estar como una **foca** → estar gordo/a

c. estar como dos **tortolitos** → estar enamorados

d. estar hecho un **toro** → estar fuerte

e. parecer una **mosquita** muerta → tener apariencia falsa de debilidad o de inocencia

f. ser un **lince** → ser espabilado/a

g. ser un **rata** → ser tacaño/a

h. ser una **rata** → ser despreciable

i. ser un **burro** → ser tonto/a

j. ser un **cerdo** → ser sucio/a

k. ser un **gallo/gallito** → ser un bravucón

l. ser un **gallina** → ser un cobarde

以上词组均用于隐喻人的某种特点，因为词组中的动物与主语人称在某方面存在相似性。例如，人们常常认为cerdo很脏，因此ser un cerdo指某人脏、粗俗；gallina胆小，见到人就跑，所以ser un gallina指某人胆小；burro在很多人的心目中代表笨，汉语中也说"蠢驴"，所以ser un burro指某人笨、无教养。

水果、蔬菜也常常被用于隐喻人或事物的特点，如：

(25) a. comerse alguien el **coco** → pensar excesivamente en un único tema

b. dar a alguien la **castaña** → engañar, chasquear

c. dar a alguien las **uvas** → tardar en hacer algo

d. estar alguien como un **espárrago** → estar delgado/a

e. importar algo a alguien un **pepino/pimiento** → importar nada

f. mandar a alguien a freír **espárragos** → despedir a alguien con brusquedad

g. ponerse alguien como un **tomate** → ponerse colorado/a

h. ser alguien un **melón** → ser tonto/a

i. ser algo la **pera** → ser especial por tener cualidades favorables o desfavorables

另外，表示空间概念的词也常常用于隐喻时间概念，如：

(26) a. una semana **atrás**

b. la semana **pasada**

c. de hoy en **adelante**

d. el año que **viene**

以上例子中，均是使用表示空间概念的词隐喻时间概念：已经过去的时间位于后面的位置，将要到来的时间位于前面。

另一类常见的与空间相关的隐喻是用"上部，向上"表示más，用"下部，向下"表示menos。如：

(27) a. **subir** el precio

b. **ascender** de categoría

c. educación **superior**

d. la clase **baja**

转喻的基础不是现实现象的相似，而是两类现实现象之间存在着某种联系，这种联系在人们的心中经常出现而固化，因而可以用指称某类现象的词去指称另一类现象。例如，pluma原指"羽毛"，由于欧洲曾用羽毛蘸墨水写字，羽毛和书写工具联系起来，进而增加了"钢笔"的意思；La Rioja原本是西班牙地名，由于盛产红酒，因此常常用un Rioja指代"一杯

La Rioja 地区产的红酒"；sol 原指"太阳"，由于太阳有炽热的温度，所以和"高温"建立起联系，在西班牙语中可以听到这样的句子：

(28) Me ha hecho daño el **sol**.

由此可见，一个词通过隐喻和转喻这两种途径可以衍生出很多新的意义，从而使得语言利用有限的词可以表达更多的意义。

 随堂练习

1. 判断以下黑体词的用法属于隐喻还是转喻。

    (1) El **ratón** del ordenador está roto.

    (2) ¿No te apetece tomar una **copa**?

    (3) Dijo que no tenía hambre, pero al final se comió tres **platos**.

    (4) Juan es mi **mano derecha**.

    (5) Mi ordenador tiene un **virus**.

    (6) Quiero un **Ribera del Duero**.

    (7) Quiero escuchar la **voz** del pueblo.

    (8) Este director tiene un **Goya**.

    (9) No **veo** muy claro para qué lo quieres.

    (10) ¿Me das tu **teléfono**? Te llamaré cuando sepa algo.

2. 阅读以下谜语，说出其谜底是什么，并且判断每条谜语是通过同形（同音）异义、一词多义还是隐喻扩展实现的。

    (1) Oro no es, plata no es. ¿Qué es?

    (2) Camino, camino, crece más alto que un pino. ¿Qué es?

    (3) Tiene ojos y no ve, tiene corona y no es rey, tiene escamas y no es pez. ¿Qué es?

    (4) Tiene dientes y no come, tiene cabeza y no es hombre. ¿Qué es?

(5) Soy ave y soy llana, pero no tengo pico ni alas. ¿Qué es?

(6) Y lo es, y lo es, y no lo adivinas ni en un mes. ¿Qué es?

5.3 词义分析

词素是最小的语法单位，但是词素的意义——词素义（semema）是最小的语义单位吗？学者并不这么认为。19世纪50年代，美国人类学家朗斯伯里（Floyd Glenn Lounsbury）和古德纳夫（Ward Hunt Goodenough）借鉴音位学的特征分析方法来研究各种语言中反映亲属关系的词。这种方法对更加广泛的语义研究是一种启发。由此，学者提出这样一个设想：存在一种义素（sema），相当于音位学研究中的区别性特征，它才是可以分析的最小的单位。也就是说，词由词素构成，所以词义由词素义构成，而词素义又通过义素构成。在词义研究中，我们把属于同一词类、具有某些相同义素的词构成的集合体叫作语义场（campo semántico）。

课外阅读

语义场是语义学研究中非常有趣的一个话题。以下列举两篇论文，分别探讨"死亡"与"气味"的语义场。

Título: "Un campo semántico para la muerte desde la mirada enfermera"

Disponible en:

<http://rua.ua.es/dspace/handle/10045/5133>

Título: "El campo semántico de los olores en español"

Disponible en:

<http://revistascientificas.filo.uba.ar/index.php/sys/article/view/3823>

另外，语义场也常用于文学研究，请阅读下文。

> Título: "Análisis del campo semántico de pleasure en Jane Eyre de Charlotte Brontë"
> Disponible en:
> <https://www.um.es/tonosdigital/znum11/portada/tritonos/tritonos-pleasure.htm>

如果义素是词义的基本组成部分，那么不同词义之间的区别就是靠不同的义素来实现的。由于义素的存在是一种假设，也就是说，义素本身并不是词的一部分，只是为了描写和比较词义之间的关系而构想出来的。因此，在书写义素时，需要全部使用大写字母，并且放在方括号（corchetes）中。之所以使用大写字母的形式，是用来强调这些语义特征具有超越具体语言中的词的一般性，语义特征不具备语音形式。例如：

(1) mujer　[PERSONA] [ADULTO] [FEMENINO]

放在方括号里的成分就是从mujer这个语义单位中分析出来的义素。接下来再看hombre的义素：

(2) hombre　[PERSONA] [ADULTO] [MASCULINO]

可以看出，mujer和hombre各由一组义素组成，两组之间只有[FEMENINO]和[MASCULINO]这一对义素是对立的关系。因此，我们也可以认为义素分析（análisis sémico）就是依据对立原则，对语言单位的语义进行分析。由于[FEMENINO]和[MASCULINO]是非此即彼的对立关系，为了明晰这种关系，可以通过二分（dicotomía）的标记方法，把它们合写成一项，在义素之前加上+或–表示属于该义素还是该义素的对立，这样能够更清楚地看出词义间的关系。回到上面的例子，我们一般将MASCULINO作为默认的、非标记的（no marcado）形式，因此[MASCULINO]可以写成[+MASCULINO]，[FEMENINO]则写成[–MASCULINO]。由此，mujer及hombre的词义特征可以描述为：

(3) a. mujer　　[+PERSONA] [+ADULTO] [–MASCULINO]

　　b. hombre　[+PERSONA] [+ADULTO] [+MASCULINO]

如果义素数量较多，也可写在同一个方括号内，即：

(4) a. mujer　　[+PERSONA, +ADULTO, –MASCULINO]

　　b. hombre　[+PERSONA, +ADULTO, +MASCULINO]

除此之外，在对比几个词的义素时，为了更清晰地看出其差异，还可以使用矩阵式（matriz cuadrada）来描写，如表5.3：

(5)

表5.3　mujer与hombre矩阵式义素描写

词条	义素		
	persona	adulto	masculino
mujer	+	+	–
hombre	+	+	+

义素分析的基本方法是对比，即将具有某种关联的词放在一起，在意义上进行比较，提取出可以用于语义区分的成分。在义素分析时，首先要确定比较的范围。一般说来，用来对比的词是具有相关性的，否则不存在比较的意义。其次，要找出词义的相同点和不同点，即提取共同义素（sema común/idéntico）和区别义素（semas específicos/diferenciales）。例如，对于mujer和hombre而言，其共同义素是[+PERSONA] [+ADULTO]，区别义素是[±MASCULINO]。最后，要进行整理和描写，使分析结果能够简明、准确地反映词语的所指范围，包容而且只包容所反映的对象，不能过"宽"或过"窄"。由于义素分析一般在一组相关的词中进行，所以义素分析实际上就是语义特征（rasgos semánticos）分析。

为什么要进行义素分析，这是同学们常常提出的问题。从应用的角度看，义素分析可以清楚、简明地说明词义的结构，便于比较词义间的异同，揭示词义间的关系。例如，novela, fábula, leyenda, mito具有类似的概念，都属于一种叙事文体，但词义上确实存在区别。具体存在哪些相同及不同，则可通过义素分析清楚地看出：

(6) fábula　　[+literario, +historia, +ficticio, +corto, +alegórico, –maravilloso, +enseñanza moral, –religioso]

　　cuento　　[+literario, +historia, +ficticio, +corto, –alegórico, –maravilloso, –enseñanza moral, –religioso]

　　leyenda　　[+literario, +historia, +ficticio, +corto, –alegórico, +maravilloso, –enseñanza moral, –religioso]

　　mito　　[+literario, +historia, +ficticio, +corto, +alegórico, –maravilloso, –enseñanza moral, +religioso]

可以看出，几个词相同的义素是：从体裁（género）上看，都属于literario；从叙事特点看，都在讲述一个historia；从内容的真实性上看，都属于ficción；从语篇的长度来看，都是corto。其不同点主要体现在：fábula带有讽喻（alegoría）意义及道德教育（educación moral）意义，缺少神奇玄幻（maravilloso）的色彩及宗教（religioso）色彩；cuento缺少以上四个特征；leyenda突出的是玄幻色彩；mito突出的是讽喻意义和宗教色彩。通过这样的比较，我们就能对几个词的词义有更清晰的认识。

再如，chancleta，sandalia及zapatilla的词义特征可以描写为表5.4：

(7)

表5.4　chancleta，sandalia与zapatilla义素描写

词条	义素					
	calzado	con el pie cubierto	con la base plana	de lona	de suela y cuero	uso externo al hogar
chancleta	+	–	+	–	–	–
sandalia	+	–	–	–	+	+
zapatilla	+	+	+	+	–	+

虽然义素分析法是语义研究中常用的手段，但方法本身还存在一些缺陷。例如，由于义素分析涉及人对客观现实的主观认识，因此目前还不能找出客观、统一的分析依据和标准，常常带有主观随意性。另外，义素分析不像音位的区别特征分析那样，可从有限的区别特征来对音位进行分析，因为一种语言的语音数量是有限的，而词的词义相对要广泛得多，再加上多义词的现象，为分析带来更大的难度。

 随堂练习

1. 选择题。选出以下词的正确义素分析方法。

(1) yate

　A. [BARCO, MEDITERRÁNEO, MILLONARIO]

　B. [VELERO, GALA, ONEROSO]

　C. [EMBARCACIÓN, RECREO, LUJOSO]

　D. [BOTE, FLOTAR, PEQUEÑO]

(2) dictador

　A. [REY, PODER, EXTRADORDINARIO]

　B. [PERSONA, AUTORIDAD, ABUSO]

　C. [PRESIDENTE, PREDOMINIO, FUERZA]

　D. [GOBIERNO, PRESIDENTE, AUTORIDAD]

2. 找出以下词的共同义素。

(1) A. fin

　　B. muerte

　　C. decadencia

　　D. clausura

(2) A. ápodo

　　B. empeine

　　C. podólogo

　　D. pisada

3. 以下每组词中，均有一个和其他的词不具有共同义素。请找出来，并且说明其他词具有哪个或哪些共同义素。

(1) A. mojito

　　B. pisco

　　C. aguardiente

　　D. caña

　　E. ron

　　F. vodka

(2) A. estrellar

　　B. detener

　　C. parar

　　D. interceptar

　　E. obstaculizar

　　F. interrumpir

4. 用矩阵式对 **silla**，**sillón**，**sofá**，**butaca** 这4个词进行义素分析。

5.4 语用

我们先来思考这样一个问题：假设某一天你上课迟到了，进教室的时候老师问你：

(1) ¿Sabes a qué hora empieza la clase?

字面上的意思是"你知道几点开始上课吗？"但是你真的会用下面的方式回答吗？

(2) Sí, lo sé.

或者

(3) No, no lo sé.

显然，老师这样问并非是不知道上课的时间，或者想向你打听上课的时间，而是表达一种不悦的态度。从这个例子可以看出，在真实的交际中，语言的意义不仅仅是字面的意义（significado literal），还有其他的一些信息。一个句子的字面意义是语义学上的意义，而这里所说的其他的信息，就是语用学（pragmática）上的意义。换言之，语义学研究的是语言本身的意义，而语用学研究的是基于语境的交际意义。所以首先我们要清楚两个概念，一是语境（contexto），二是语用学。

语境这个术语在之前的学习中出现过很多次，它是语言学中最重要、最常用的术语之一。语境即使用语言的环境，指的是交际过程中，交际双方（interlocutores）在表达思想、交流情感时所依赖的各种因素。这里所说的各种因素，可以是语篇内部的，也就是我们常说的上下文（cotexto/contexto lingüístico/contexto intratextual）。交际是一个处于动态的、不断发展的过程。在交际过程中，新的话语不断产生，每一段话语都和前面已经出现过的信息存在联系，因此了解上下文对理解一个语篇是非常重要的。例如，当我们最初学习西班牙语时，总会被问一篇文章中的lo，la，eso等指的是什么，这就是典型的cotexto的例子。之前我们讲过的deixis也属于这类情况。

课外阅读

更多关于contexto的讲解，请阅读以下文献的第273—278页。

Título: *Texto y contexto. Semántica y pragmática del discurso*

Disponible en:

<www.felsemiotica.org/site/wp-content/uploads/2014/10/van-Dijk-Teun-A.-Texto-y-contexto.-Sem%C3%A1ntica-y-pragm%C3%A1tica-del-discurso.pdf>

语境也可以是语篇以外的因素，如情景语境（contexto situacional），指的是交际双方的关系、交际时所处的场合（时间、地点）、说话的正式程度、话题等。也就是说，当交际双方处于不同的时间、地点、环境时，同样的一个句子可能有不同的语用意义。例如，对于以下几组对话：

(4) Esposa: ¿Hago un café rico?

　　Marido: Haces un café exquisito.

(5) Esposa: ¿Cocino bien?

　　Marido: Haces un café exquisito.

(6) Esposa: ¿Te preparo un té?

　　Marido: Haces un café exquisito.

(7) Esposa: Hoy te toca a ti hacer el café.

　　Marido: Haces un café exquisito.

可以看出，4组对话中，丈夫的回答始终是Haces un café exquisito，但是在不同的情境下，由于妻子所说的话不同，这句话含有不同的意义。

同样，不同关系的交际者即使处于同样的环境下，同样的句子也会有不同的语用效果。例如，同样是走在大街上，朋友之间戏谑地互相称呼cabrón是没有问题的，但是陌生人之间这样称呼就会引起误会和麻烦。

在语篇以外的因素中，认知语境（contexto cognitivo）也是非常重要的一类，它可以是交际双方的文化、宗教背景，也可以是对客观世界所掌握的一般知识等。

至于语用（pragmática）这个词，它来源于希腊语的πραγματικός（pragmatikós），本是形容词。其中prag-意为hacer（例如在práctica中）；-ma表示动作的结果（例如在poema，idioma中）；后缀-tico是形容词标记，表示与某事或某物相关。在了解了语境的概念后，我们可以说，语用就是交际者在具体的语境中通过某些方法实现特定语言目的的行为。

对语用学的研究最初由西方的哲学家们展开。他们发现语言符号的意义及其在具体的语境中与人的因素紧密相关，而且对哲学命题及思考能产生直接或间接的影响，于是相继对言语行为、指称、预设、含义等进行了概括性研究，希望借此为哲学研究的发展提供帮助。在阅读语用学文献时，我们所见到的代表性人物如英国的奥斯汀（John Langshaw Austin）和美国的格赖斯（H. P. Grice）、塞尔（J. Searle）等都是哲学家。后来，这些现象也引起语言学家的注意，开始了相关研究，但直到1977年，在荷兰正式出版发行了《语用学杂志》（*Journal of Pragmatics*），语用学才作为语言学的一门新兴学科而得到确认。语用学的研究范围一直在发展着，从该学科的代表人物列文森（S. C. Levinson）的经典著作《语用学》（*Pragmatics*）以及国内多数译介性的著述来看，主要包括这样几个方面：指示语、会话含义、预设、言语行为、会话结构、衔接及关联等。本章将非常简要地介绍语用学的几个研究领域。

5.4.1 言语行为

人们通过长期的语言交际实践和语言研究发现，要想准确、全面地理解一个句子，只依靠分析其语法结构、逻辑语义，或者判断命题真伪是不够的。一些学者意识到，说话本身就是一种行为，也就是所谓的言语行为（actos de habla）。言语行为指的是使用语言符号进行交际以传达意义或意图，并获得一定效果的行为。例如，当一个小孩对妈妈说：

(8) Mamá, tengo mucha hambre.

这个句子的字面意义是表达说话人"饿"的生理状态，但是孩子的妈妈在听到这句话时会去准备食物。也就是说，这句话的言外之意是说话人通过这个句子来影响听话者做出一个反应。

由此可以看出，言语行为理论从新的视角研究语言，它已经不仅仅关注语言自身的语法结构，而是关注人们以言行事以及如何以言行事。

言语行为理论是由英国哲学家奥斯汀（John Langshaw Austin）创立的，是研究语言实际使用的第一个重要理论。奥斯汀从1952年起讲授该理论，1955年在哈佛大学讲学时集结成稿，定名为 *How to Do Things with Words*，1962年出版。奥斯汀最根本的出发点就是句子不仅仅是用来描述客观世界的。

课外阅读
How to Do Things with Words 的西班牙语译本： Título: *Cómo hacer cosas con palabras* Disponible en: <revistaliterariakatharsis.org/Como_hacer_cosas_con_palabras.pdf>

奥斯汀认为句子分为两类，分别是表述句（enunciado constativo）和施为句（enunciado performativo/realizativo）。前者用于描述事物状态或者陈述某种事实，有真伪的区别，其特点就是"言有所述"。如：

(9) La reunión tardó una hora en empezar.

这句话是可以验真的，即或真或假二者必居其一。

施为句不用于进行陈述，而是实施某种行为。例如以下几句：

(10) Le nombro vicepresidente de la comunidad.

(11) Te prometo que voy a dejar de fumar.

(12) Os declaro marido y mujer.

这几句话不是表述任命、许诺和宣布这三件事，无所谓真假，而是说话人在说话的过程中实施了"任命""许诺"和"宣布"这三个行为。以上这几句话就是施为句。根据奥斯汀的解释，典型的施为句的特征是主语为第一人称单数（即yo），谓语动词为施为动词（verbo performativo/

realizativo），使用主动语态的陈述式现在时变位。这种典型的施为句又被称为显性施为句（performativo explícito）。除此之外，我们还能见到其他形式的施为句，如：

(13) Siéntate.

(14) ¿No tienes frío?

第一句是命令式，通过说出这句话让听话人坐下；第二句可能发生在一个没有开热风的房间，说话人通过这句话引导听话人打开暖气或者空调。这类施为句从形式上并非奥斯汀所说的典型的施为句，因此被称为隐性施为句（performativo implícito）。

 随堂练习

判断以下哪些句子是显性施为句。

(1) Amén.

(2) Mañana te llamo.

(3) Te prometo que mañana te llamo.

(4) Siéntate.

(5) Que te sientes.

(6) Te ordeno que te sientes.

(7) Yo te bautizo con el nombre de Luis.

(8) El sacerdote bautizó al niño.

(9) Te perdono.

(10) Yo flipo.

奥斯汀意识到表述句其实也可以做出行为，即表述句在本质上也可被看作施为句。在他后期的言语行为理论研究中，不再区分表述句和施为句，而是区分出以下三种不同的言语行为：叙事行为（acto locutivo）、行事行为（acto ilocutivo）及成事行为（acto perlocutivo），这三种行为其实是整个言语过程的三个步骤。叙事行为指的是说出有意义并且能够被别人理解的话，也就是常说的decir es decir；行事行为指的是通过说话这个动作实施某种行为，是表达说话人意图或目的的一种行为，即decir es hacer；成事行为指说话产生的结果或带来的后果，即decir es hacer que el otro haga。例如：

(15) ¡Buenos días!

其叙事行为就是说出这两个单词的行为，其行事行为是问候（saludo），成事行为是表达出说话人的礼貌。再如：

(16) Mañana examen de gramática.

如果老师对学生说出这句话，其叙事行为是这句话本身，行事行为是提醒或要求学生好好复习，成事行为就是学生去准备考试。

随堂练习

构建一定的语境，判断以下各句的叙事行为、行事行为及成事行为分别是什么。

(1) Cómete la pizza.

(2) Me gusta mucho tu abrigo.

(3) Este mes no cobras.

(4) ¡Basta ya!

(5) ¡Camarero!

(6) ¡Qué mal huele aquí!

(7) ¿Quieres algo para beber?

(8) ¿No tienes frío?

(9) Te quiero.

(10) ¿Por qué no te callas?

美国语言哲学家塞尔（John Rogers Searle）继承并发展了奥斯汀的言语行为理论。他认为语言交际的最小单位是言语行为，而不是人们通常认为的单词或者句子。塞尔对言外行为重新分类，分出阐述类（actos asertivos）、指令类（actos directivos）、承诺类（actos compromisivos/promisorios）、表达类（actos expresivos）和宣告类（actos declarativos）等五类。指令类用于指示他人完成某事，常见的动词包括pedir, mandar, suplicar, rogar, sugerir, recomendar, aconsejar等；承诺类是说话人做出许诺，常见动词包括prometer, jurar, comprometerse等；表达类用于表达说话人的态度或心理状况，常见动词有felicitar, agradecer, saludar, dar la bienvenida, pedir disculpas等；宣告类是话语所表达的命题内容与客观现实之间一致，常见动词有bendecir, declarar, nombrar, sentenciar等；阐述类是说话人对某事做出一定程度的表态，对话语所表达的命题内容做出真假判断，常见动词有aseverar, afirmar, describir, explicar, argumentar等。

宣告类言语行为成立需要满足一系列条件（如说话人具有使其成为事实的权威性等）。例如，对于下面这句话：

(17) Os declaro marido y mujer.

男女双方如果要通过这句话成为夫妻，那么说话人首先需要具有该权利，另外，二人需要达到法定结婚年龄，并且当时婚姻状态为未婚等。

阐述类可以用真伪来判断，这是其他几类所不具备的特征。另外，阐述类在不同的语境下有可能转变为其他几类的言语行为。如：

(18) El oso panda es de China.

(19) Hay comida en la mesa.

两句话都可以作为阐述类的言语行为，但是在特定的语境下，可以转化为其他类别。例如，当一个西班牙小孩闹着要去中国看动物时，家长可以使用第一句作为指令类的言语行为，建议孩子去动物园看oso panda，因为oso panda就是中国的，在动物园看了oso panda就不用去中国了。第二句根据具体语境会成为指令类的言语行为，如一只猫进了厨房，那么这句话可以理解为一种提示："注意别让猫碰饭。"

由此可以看出，一个看似只是描述现实世界的句子，在交际中却可以成为其他功能的言语行为。那么问题来了，在交际中听话人是如何正确地理解说话人发出的信息的？这是接下来一小节要学习的内容。

5.4.2 合作原则

合作原则（Principio de cooperación）由英国哲学家格莱斯（Herbert Paul Grice）在 *Logic and Conversation* 中提出，是用于解释会话含义（implicatura conversacional）的原则。人们在说话时常常是"话中有话"，这种言外之意、弦外之音就是格莱斯所说的会话含义。会话含义需要基于对话双方的常识、共有的知识以及语用推理能力才能解释。会话活动得以进行的前提是双方具有把话谈下去的意愿，即具有合作的态度，因此合作是会话活动的首要条件，格莱斯将其称为合作原则。

课外阅读
Logic and Conversation 的西班牙语译本： Título: *Lógica y conversación* Disponible en: <https://www.comitecerezo.org/IMG/UNAM/GRICE.pdf>

合作原则体现为四个准则：

1）数量准则（máxima de cantidad）

- 使自己说的话达到所要求的详尽程度
- 不能使自己说的话比所需要的更详尽

2）质量准则（máxima de calidad）
- 不要说自己明知是虚假的话
- 不要说没有事实依据的话

3）关系准则（máxima de relación）
- 所说的话要相关

4）方式准则（máxima de manera）
- 避免隐晦
- 避免歧义
- 避免赘述
- 条理清晰

需要注意的是，格莱斯对合作原则的表述并非是要求人们如何说话，而只是描述通过观察所发现的人类会话中的实际情况。也就是说，即使我们不知道这个理论，在真实的交际中，也会在潜意识中甚至是在无意识的状态下受到这个理论的影响。对于不遵守这个准则的话语，会造成听话人的不解。接下来我们看几个例子。

情景1：假设你受到一位西班牙同学的邀请去家里和他的家人共进晚餐。晚餐结束后，他问你：

(20) ¿Qué tal la cena? ¿Te ha gustado?

如果你只是回答：

(21) Sí.

这样的回答所带来的会话含义是：你并不喜欢这顿晚餐，或者你根本不喜欢这个氛围，原因就在于你说的话没有达到这个场合所要求的详尽程度，是一种不合作的行为。如果换成一个西班牙人回答这个问题，他可能这样说：

> (22) Hombre, claro que sí. Ha sido espectacular. Todo riquísimo, eh. Y me lo he pasado fenomenal. Sois una familia muy cariñosa y encantadora...

情景2：假设Juan需要一封推荐信来申请某西班牙语国家高校的奖学金，如果Juan的老师在推荐信中只写下这样一句话：

> (23) Juan ha sido un buen alumno durante estos cuatro años. Le reitero mi apoyo.

这句话的会话含义可能是这位老师根本不希望推荐Juan获得奖学金，因为信中的内容没有达到所要求的详尽程度，也是不合作的行为。

情景3：假设你的室友曾借用了你的鼠标，但是你想不起来他是否已经还给你，或者你想不起来他用完后放在了哪里。这时你问他是否知道鼠标在哪儿，如果他回答：

> (24) Está en la mesa pequeña junto al ordenador, en el mismo sitio donde lo dejé la semana pasada y del que te he dicho que lo recojas varias veces.

这样回答也是不合作的表现，因为室友说的话远比所需要的信息详尽。这句话隐含着说话人的不悦。

但是，我们在交际过程中也确实能遇到很多违反准则（violación de las máximas）的例子，如给予虚假信息、多余信息或者答非所问等情况，格莱斯在*Logic and Conversation*中也探讨了这一现象。请看以下几组对话。

> (25) Padre: ¿Dónde está José?
>
> Madre: El coche no está en el garaje.

父亲问José（可能是他们的儿子）在哪里，而母亲却回答车不在车库，显然违反了关系准则（信息不相关）和数量准则（信息不全）。母亲所说的话的会话含义是José所处的位置与汽车之间存在某种关系（如José开车出去了），以及自己并不能再给出更多的信息，因此违反了数量准则而维持了质量准则（给予不足的信息而不是给予虚假信息）。

(26) Padre: La casa está hecha una pocilga.

Madre: Tengo que escribir un artículo este fin de semana.

父亲说家里又脏又乱，但是母亲说周末要写一篇文章。在这组对话中，不论是父亲还是母亲，都没有直接说出自己的意图，而是留给对方去猜测。从关系准则的角度考查可以发现，父亲的意思是希望母亲能够收拾房子或者帮自己一起收拾；同样根据关系准则，母亲的话应与父亲的话相关，所以母亲的意思是没时间收拾房子，因为有工作要做。

(27) Padre: ¿Es Juan un buen estudiante?

Madre: Nunca falta a clase.

在这组对话中，父亲问起Juan是否是好学生（也许Juan是母亲的学生），母亲的回答看似违反了数量准则，因为她只是说Juan从来不缺课。另外，母亲的回答似乎也违反了关系准则，因为她的话并没有直接回答Juan是否是好学生的问题。母亲的答复其实有两个会话含义：一是Juan不是好学生，但是母亲不愿意直说；二是母亲不知道Juan怎么样，为了不说谎话（即违反质量准则），只能违反数量准则和关系准则。

由此也可以看出，我们在真实的交际中有很多所答非所问、话到嘴边留半句等现象，但是听话人是如何正确捕捉信息的呢？这靠的就是合作原则，合作原则使得听话人理解会话含义。另外，我们为什么不直接或者正面地回答对方的问题？这是因为在各原则之间往往是存在冲突的。例如，当我们不了解某件事时，为了不违反质量准则，即不说假话，则需要违反数量准则，给予较少的信息量。由此也可以说，质量准则一般是合作原则中的核心准则，因为我们如果连对方所说的话都不能信任，那么交际还有什么价值呢？当然，有时候违反质量准则也是能被接受的，例如，在表示礼貌的态度时，明明不喜欢主人准备的饭菜，但是还是要违心地说

"真香"。

接下来,再想一想下面这个句子是什么情况:

(28) Dinero es dinero.

这种句子看似没有意义,违反了数量准则,实则叫作同义反复句(tautología),存在深层的隐含意义,所传递的信息是Dinero es lo más importante,或Dinero puede con todo等。这类句子是违反数量准则的极端例子。

 随堂练习

找出以下对话中违反的准则并解释其会话含义。

(1) —Se me ha quedado el móvil sin batería.

—Mi móvil es de Samsung.

(2) —¿Me puedes prestar 500 euros?

—Estoy en el paro.

(3) —Parece que Juan aún no tiene novia.

—Pasa demasiado tiempo en el laboratorio.

(4) —¿Te lo estás pasando bien?

—Ya me voy para casa.

(5) —¿A qué hora saliste del trabajo?

—A las 19 horas y 32 minutos con 14 segundos.

(6) —¿Te gustó la barbacoa que hicimos ayer?

—Soy vegetariano.

5.4.3 关联理论

关联理论(teoría de la relevancia)是由法国学者斯珀波(Dan Sperber)及英国学者威尔逊(Deirdre Wilson)在合著的 *Relevance: Communication and Cognition*（1986）一书中提出的。他们认为格莱斯的会话准则应该简化为一条关联原则，这条原则可以描述为："每个明示交际行为都意味着该行为具有最佳关联性。"（Todo acto de comunicación ostensiva porta la presunción de su relevancia óptima.）

课外阅读

Relevance: Communication and Cognition 的西班牙语译本：
Título: *La relevancia. Comunicación y procesos cognitivos*
Disponible en:
<https://es.scribd.com/document/378458753/Sperber-y-Wilson-1986-La-Relevancia-Comunicacion-y-Procesos-Cognitivos-Madrid-Visor-1994-Caps-1-y-4>

这里有两个概念需要弄清楚。首先是明示交际行为（acto de comunicación ostensiva）。交际不仅仅是解码和编码的过程，而且涉及推理（inferencia），但是推理只与听话人相关。从说话人的角度看，交际是明确地向听话人表明意图的行为，即明示行为（acto ostensivo/acto de ostensión）；推理则是听话人根据说话人提供的明确的方式进行解码，并把从解码中得到的信息作为推理的前提，通过说话人本身的认知语境（contexto cognitivo）对话语信息做出推理，并且最终正确理解话语信息。明示交际的完整名称是明示推理交际（comunicación ostensivo-inferencial）。这里需要特别说明一下认知语境这一概念。斯珀波和威尔逊提出了不同于传统意义上的语境观：他们认为交际中的语境是动态的，是一个变量，所以将语境称为语境假设（suposición contextual）。语境假设不限于现实环境中的情景或话语本身的语境，而是交际互动过程中为了正确理解话语而存在于人们大脑中的一系列假设。语境假设也称为认知语境。

其次，要理解"最佳关联性"，需要先理解两位作者谈到的关联（relevancia）。斯珀波和威尔逊认为，要理解语义，则必须与语境发生关联；理解和表达是在与语境的关联之中进行的。例如，对于下面这句话：

(29) Te espero en el banco.

如果缺少语境，我们无法理解banco到底是银行还是长椅。但是，如果在特定的语境下，如交际双方在一个没有银行的小村子，或者双方楼下就是一条长椅，并且二人经常在那里见面，那么他们的交际是不会有歧义的。

在交际中，由于人们具有关联的直觉，因此交际是以关联为取向的，并且任何话语之间都是有关联的。一句话的关联性越大，要求听话人做出的推理就越少，这样就提高了交际效率，语境效果（efectos contextuales）也越强，反之则越弱。所谓语境效果，指的是话语所提供的信息和语境之间的一种关系，也就是新信息（新假设）与旧信息（原有语境假设）相互作用产生的语境含义。这种作用会导致听话人的已有认知语境发生改变，从而产生新的认知语境。

斯珀波和威尔逊认为新信息与旧信息之间有三种关系会产生语境效果，从而使话语具有关联性。这三种关系是：

1）新信息的出现强调了旧信息，从而产生加强信息的效果。

假设某人在餐厅就餐，点餐时已经点了一杯可乐，但是服务员只端来了菜，迟迟没有拿来饮料。这时客人可能会说：

(30) Perdona, pedí una Coca-Cola.

对于服务员而言，这句话与他自身的认知语境最具关联性的是，顾客在点菜时已经要了一杯可乐这一旧信息。在确立了这个关联之后，重复的新信息与认知语境相结合，从而产生了新的语境含义。重复意味着提醒，即提醒服务员已经点了可乐。顾客提醒的信息与服务员的认知语境相互作用，与现实环境中没有拿来所点的饮料这一语境结合，所以可以根据语用推理判断出顾客抱怨饮料上得太慢。

2) 新信息与旧信息相结合,从而产生语境效果。

假设两个朋友聊天时说道:

(31) —¿Viene María a la fiesta?

—Mañana empieza con los exámenes...

这个例子中,回答的句子并没有直接答复María是否参加活动,只是说第二天要开始考试。两个信息结合起来的语境效果是María不会参加活动。

3) 新信息与旧信息矛盾并排除旧信息。

在下面这组对话中:

(32) —¿Ya estás en casa?

—Si no hubiera perdido el autobús...

可以看出,回答者并没有到家,其回答与提问者的假设产生了矛盾,这样的话语产生了语境效果。

由于确定关联性的不仅仅是语境,还有听话人处理话语时所付出的努力,因此斯珀波和威尔逊又提出了程度条件来确定关联性。

程度条件1:如果一个假设在某语境中的语境效果大,那么这个假设在这个语境中就有关联性。

程度条件2:如果一个假设在某语境中所需的努力程度小,那么这个假设在这个语境中就有关联性。

例如对于下面这句话:

(33) Está lloviendo.

这句话对出门时不知道是否需要带伞的人来说,产生的语境效果大——会促使其带伞,假设在这个语境中的语境效果大,所以具有关联性。

关联理论对合作原则进行了补充和修正。格莱斯认为,说话人和听话人唯一的共同目标就是要理解对方以及被对方理解。为了使交际取得成功，则需要满足一系列准则。而关联理论认为关联不是准则，交际不是以准则为基础的，说话人不需要知道这些准则也可以进行交际，并且一旦开始交际也不会违反它。因此，故意违反格莱斯提出的准则在关联理论中毫无作用，这就可以解释隐喻、反语的例子了。

5.4.4 礼貌原则

礼貌（cortesía）是一种社会现象，也是一种社会规约，是人类文明的标志，也是人们进行社会活动的重要准则。格莱斯（1975）在提出合作原则的同时也提到了礼貌的原则，但是并未做具体的阐述。1973年，洛克夫（Robin Tolmach Lakoff）发表"The Logic of Politeness: Minding Your P's and Q's"一文，首次解释了礼貌问题。她提出两条语用能力规则：说话要清楚（Sea claro）及说话要有礼貌（Sea cortés）。第一条规则涵盖了格莱斯的合作原则及其准则，第二条规则包含三条次规则：

1）不要强加（No se imponga）

指的是当交际双方处于不同社会地位时，说话人不对听话人做任何强加是礼貌的表现。

2）给予选择（Ofrezca opciones）

指的是当交际双方处于平等的社会地位但缺少亲密及信任关系时，提出建议、给予对方选项是礼貌的表现。

3）强化伙伴情谊（Refuerce los lazos de camaradería）

指的是当交际双方具有亲密、互信的关系时，说话人使听话人处于一种舒适的地位并对其人其事表现出兴趣，这是礼貌的表现。

1983年，英国学者杰弗里·利奇（Geoffrey Leech）在*Principles of Pragmatics*一书中提出礼貌原则（principio de cortesía），并阐述了它

对语言交际所起的重要作用。利奇把语用原则分为人际修辞（retórica interpersonal）和篇章修辞（retórica textual），礼貌原则即属于人际修辞范畴。此处的修辞指的是在交际中有效地运用语言。

课外阅读

Principles of Pragmatics 的西班牙语译本（部分章节）：

Título: *Principios de pragmática*

Disponible en:
<http://pdfhumanidades.com/sites/default/files/apuntes/22_-_Leech_Principios_de_pragmatica_Cap_I_II_y_III.pdf>

礼貌原则是对格莱斯的合作原则的补充。在利奇看来，很多情况下，会话者在讲话时的隐晦都是出自对礼貌的考虑，所以在解释人们有时为何会故意拐弯抹角时，利奇把礼貌原则看作是首要的因素。在人们违反合作原则时，礼貌原则可作为唯一的补救手段使得谈话能够顺畅地进行下去。言语行为是不断变化的，取决于很多语言以外的因素，仅仅通过动词来划分言语行为是不妥当的。例如：

(34) ¿Te importa cerrar la ventana?

(35) Come, Come.

(36) ¿Por qué no te callas?

上面三句话应该视作要求、命令，还是请求、建议？这中间并非总是泾渭分明的。

利奇提出"礼貌原则"有6条准则，分别是：得体准则（máxima de tacto，又称策略准则）、慷慨准则（máxima de generosidad，又称宽宏准则）、褒奖准则（máxima de aprobación，又称赞誉准则）、谦逊准则

（máxima de modestia）、赞同准则（máxima de acuerdo，又称一致准则、同意准则）及同情准则（máxima de simpatía）。

得体准则是从他人的角度考虑问题，尽力缩小对他人造成的损失，让其少吃亏、多受益。例如：

(37) ¿Podrías echarme una mano?

(38) Ven a casa a cenar.

例句(37)在请求听话人帮助，之所以使用podrías及问句的形式，目的是让其减少损失；第(38)句使用命令式，看起来似乎语气生硬，但这样更可以表明说话人确定、诚恳的态度，从而确保听话人有更大的概率获益。

慷慨准则与得体准则正好相反，是站在自己的角度，尽量自己吃亏、缩小自己的好处与受益。如：

(39) No te preocupes. Ya lo arreglo yo.

褒奖准则尽量少地贬损听话人，尽可能多地赞誉听话人。例如，一位小学老师在看到学生作业的错误后，没有直接批评学生，而是边改正边说：

(40) Será mucho mejor si escribes así.

这样的表达就符合褒奖准则。

谦逊准则与褒奖准则相对，旨在尽可能少地赞誉自己，尽可能多地贬损自己。同样是上面的语境，那位老师也许还会补充：

(41) Igual que se me olvidó explicar esto en clase.

赞同准则指的是所说的话应该尽量减少双方的分歧，所说的话应该尽量增加双方的一致。假设你不同意对方的观点，但是在表达时也会讲究"方式方法"，例如说：

(42) Claro, claro, tienes toda la razón. Ya me imaginaba que...pero...

这里在pero之前的内容都是赞同准则的体现。

同情准则指的是所说的话应该尽量减少给他人造成的反感，所说的话应该尽量增加对他人的同情。一般表示祝贺、惋惜、同情的话语属于这条规则。如：

(43) Lamento mucho lo de tu padre. Era un hombre brillante y vamos a echarlo de menos.

由于礼貌涉及一方对另一方的态度，因此利奇分别用自己（uno mismo）指称说话人，用他人（el otro）指称听话人或者第三者。6条准则中，准则1和2、3和4是成对的，5和6之间没有关联。准则里提到的"好处，受益"（beneficio）及"贬损，吃亏"（coste）是一个宽泛的概念，可以是心理层面的，也可以是物质层面的。

在礼貌原则中，布朗（P. Brown）和列文森（S. Levinson）在 *Politeness: Some universals in language usage*（1987）一书中提到的面子（imagen/*face*）的概念是中心概念。他们认为所有有理性的社会成员都有面子，并且把面子定义为每个个体都会为自己保存的"公众形象"（imagen pública）。面子分为积极面子（imagen positiva）和消极面子（imagen negativa）。积极面子指的是对受到他人赞许、欣赏、关注的需求；消极面子强调个人拥有行动自由，不受他人看法左右的需求。礼貌策略（estrategias de cortesía）分为积极礼貌策略（estrategias de cortesía positiva）和消极礼貌策略（estrategias de cortesía negativa），前者以"接近"（aproximarse）为基础，表明说话人和听话人之间有某些共同之处，从而满足听话人的积极面子需要；后者以"回避"（evitar）为基础，此时说话人承认并尊重听话人的消极面子，对听话人的行为不予干预，从而满足听话人的消极面子需求。在交际中，人们会努力展示自己的公众形象，防止丢面子，同时也会考虑他人的面子，防止威胁他人的面子。关于这一点，我们在学习西班牙语时态的时候已经知道，西班牙语中的陈述式简单条件式、陈述式过去未完成时、虚拟式过去未完成时可以用于表示礼貌，如：

(44) ¿Podrías hacerme un favor?

(45) Quisiera/Quería pedirle un favor.

这里之所以能表现出礼貌，是因为这些时态的使用降低了说话人自己的心理预期，同时给予听话人更多的说no的空间，这就是消极礼貌策略。

西中术语目录

हिंदी अधिगम भाषा

西班牙文术语	中文术语	章节
abreviatura	缩写词	3.5
acentuación	重读	2.4
acentuación	重音	2.1
acortamiento	断词	3.5
acortamiento	缩短	2.5
acrónimo	缩略语	3.5
acto de comunicación ostensiva	明示交际行为	5.4
acto ilocutivo	行事行为	5.4
acto locutivo	叙事行为	5.4
acto ostensivo/acto de ostensión	明示行为	5.4
acto perlocutivo	成事行为	5.4
actuación lingüística	语言运用	1.6
adjetivo	形容词	3.3
adverbio	副词	3.3
afijo	词缀	3.2
africada	塞擦音	2.3
alargamiento	延长	2.5
alófono	同位音	2.2
alomorfo	语素变体	3.2
alveolar	舌尖硬腭音	2.3
amplitud	振幅	2.1
análisis sémico	义素分析	5.3
antonimia complementaria	互补反义关系	5.2
antonimia gradual	等级反义关系	5.2
antonimia recíproca/conversa	反向反义关系	5.2
antónimos	反义词	5.2
antónimos recíprocos	相互反义词	5.2
aparato fonador	发音器官	2.1

（续表）

西班牙文术语	中文术语	章节
aproximante	近音	2.3
arbitrariedad	任意性	1.3
articulación dual	二重性	1.3
asimilación	同化	2.5
aspecto	体	3.4
base léxica	词汇基础	3.2
bilabial	双唇音	2.3
campo semántico	语义场	5.3
canal	（信息发布的）物理载体	1.4
capacidad de comunicación	交际能力	1.2
caso	格	3.4
caso acusativo	宾格	3.4
caso dativo	与格	3.4
caso nominativo	主格	3.4
caso preposicional/oblicuo	代词格	3.4
categoría gramatical	词类	3.2
categoría gramatical/clases de palabras	词类	3.2
cavidades infraglóticas	声门下腔	2.1
cavidades supraglóticas	声门上腔	2.1
clases abiertas	开放词类	3.3
clases cerradas	闭合词类	3.3
código	语码	1.4
competencia lingüística	语言能力	1.6
composición	合成	3.5
compuesto preposicional/sinapsia	介词合成	3.5
comunicación ostensivo-inferencial	明示推理交际	5.4
concepto	概念	5.1
conjunción	连词	3.3

（续表）

西班牙文术语	中文术语	章节
consonante sonora	浊辅音	2.3
consonante sorda	清辅音	2.3
contexto	语境	1.4
contexto cognitivo	认知语境	5.4
contexto situacional	情景语境	5.4
contracción	缩合	3.1
contraposición	对等合成	3.5
corpus masivo	大规模语料库	1.5
cortesía	礼貌	5.4
cortesía	礼貌性	5.1
cotexto/contexto lingüístico/contexto intratextual	上下文	5.4
creación onomatopéyica	拟声造词	3.5
creatividad	创造性	1.3
cuerdas vocales	声带	2.1
declinación	变格	3.4
deixis	指示	5.1
deixis espacial	空间指示	5.1
deixis personal	人称指示	5.1
deixis temporal	时间指示	5.1
deixis textual	语篇指示	5.1
dental	舌尖齿龈音	2.3
derivación	派生	3.5
derivación adjetival	形容词派生法	3.5
derivación adverbial	副词派生法	3.5
derivación heterogénea	异类派生	3.5
derivación homogénea	同类派生	3.5
derivación múltiple	多层派生	3.5
derivación nominal	名词派生法	3.5

（续表）

西班牙文术语	中文术语	章节
derivación simple	单层派生	3.5
derivación verbal	动词派生法	3.5
descortesía	非礼貌性	5.1
descripción	描写	1.6
desplazamiento	移位性	1.3
determinante	限定词	3.3
diacronía	历时性	1.6
diferenciación	殊化	2.5
diptongo	双元音	2.4
diptongo creciente	递升双元音	2.4
diptongo decreciente	递降双元音	2.4
disimilación	异化	2.5
disyunción	偏正合成	3.5
división de palabras	分音节	2.4
efectos contextuales	语境效果	5.4
emisor	信息发出者	1.4
enunciado performativo/realizativo	施为句	5.4
estrategias de cortesía	礼貌策略	5.4
estrategias de cortesía negativa	消极礼貌策略	5.4
estrategias de cortesía positiva	积极礼貌策略	5.4
estructuralismo lingüístico	结构主义语言学	1.7
estudios diacrónicos	历时研究	1.6
estudios sincrónicos	共时研究	1.6
etimología	词源	5.2
euskera	巴斯克语	2.3
extensión metafórica	隐喻扩展	5.2
familia de lenguas	语系	1.1
femenino	阴性	3.4

（续表）

西班牙文术语	中文术语	章节
filología	语文学	1.7
flexión	屈折	3.4
fonema	音位	2.2
fonética	语音学	1.5
fonética acústica	声学语音学	2.1
fonética articulatoria	发音语音学	2.1
fonética auditiva	听觉语音学	2.1
fonética física	物理语音学	2.1
fonética fisiológica	生理语音学	2.1
fonética perceptiva	感知语音学	2.1
fono fundamental	基音	2.1
fonología	音系学	1.5，2.2
formación de palabras	构词法	3.2，3.5
formalismo lingüístico	形式主义语言学	1.7
frecuencia	频率	2.1
frecuencia fundamental	基频	2.1
fricativa	擦音	2.3
función apelativa/conativa	意动功能	1.4
función emotiva/emocional	情感功能	1.4
función fática/de contacto	接触功能	1.4
función ideacional	概念功能	1.4
función interpersonal	人际功能	1.4
función metalingüística	元语言功能	1.4
función poética	诗学功能	1.4
función referencial	所指功能	1.4
función textual	语篇功能	1.4
funcionalismo lingüístico	功能主义语言学	1.7
futuro	将来	3.4

（续表）

西班牙文术语	中文术语	章节
género	性	3.4
glotis	声门	2.1
grafema	字母	2.5
gramática descriptiva	描写性语法	1.6
gramática empírica	经验语法	1.7
gramática especulativa medieval	中世纪思辨语法	1.7
gramática generativa	生成语法	1.6
gramática generativa transformacional	转换生成语法	1.6
gramática prescriptiva	规定性语法	1.6
gramática razonada	唯理语法	1.7
gramática transformacional	转换语法	1.6
gramática universal	普遍语法	1.6
gramaticalización	语法化	3.5
grupos consonánticos	辅音字母组合	2.4
guion	连字符	2.4
gutural	喉音	2.1
hiato	分立元音	2.4
hiperonimia	上义关系	5.2
hiperónimo	上位词	5.2
hipocorístico	亲昵的词语	2.3
hiponimia	下义关系	5.2
hipónimo	下位词	5.2
historiografía lingüística	语言学史学	1.5
homófonas	同音异义词	5.2
homógrafas	同形异义词	5.2
imagen negativa	消极面子	5.4
imagen positiva	积极面子	5.4
imagen pública	公众形象	5.4

（续表）

西班牙文术语	中文术语	章节
imperativo	命令式	3.4
imperativo	祈使式	3.4
imperfecto	未完成体	3.4
implicatura conversacional	会话含义	5.4
indicativo	陈述式、直陈式	3.4
intensidad	音强	2.1
interdental	齿间音	2.3
interfijo/infijo	中缀	3.2
interjección	语气词	3.3
inversión	移位	2.5
labiodental	唇齿音	2.3
lateral	边音	2.3
lenguas aglutinantes	黏着语	1.1
lenguas aislantes	孤立语	1.1
lenguas flexivas	屈折语	1.1
lexema	语义素	3.2
lexicalización	词汇化	3.5
lexicología	词汇学	5.1
lingüística aplicada	应用语言学	1.5
lingüística comparada	比较语言学	1.5
lingüística computacional	计算语言学	1.5
lingüística de corpus	语料库语言学	1.5
lingüística descriptiva	描写性语言学	1.6
lingüística diacrónica	历时语言学	1.6
lingüística documental	纪录语言学	1.5
lingüística específica	具体语言学	1.6
lingüística externa	外部语言学	1.5
lingüística general	普通语言学	1.6

（续表）

西班牙文术语	中文术语	章节
lingüística generativa transformacional	转换生成语言学	1.7
lingüística histórica/lingüística diacrónica	历史比较语言学	1.7
lingüística interna	内部语言学	1.5
lingüística prescriptiva	规定性语言学	1.6
lingüística sincrónica	共时语言学	1.6
lingüística sistémico-funcional	系统功能语言学	1.7
longitud	音长	2.1
macrolingüística	宏观语言学	1.5
masculino	阳性	3.4
máxima de acuerdo	赞同准则	5.4
máxima de calidad	质量准则	5.4
máxima de cantidad	数量准则	5.4
máxima de manera	方式准则	5.4
máxima de relación	关系准则	5.4
máxima de simpatía	同情准则	5.4
máxima de aprobación	褒奖准则	5.4
máxima de generosidad	慷慨准则	5.4
máxima de modestia	谦逊准则	5.4
máxima de tacto	得体准则	5.4
mensaje	信息	1.4
metáfora	隐喻	5.2
metátesis	换位	2.5
metonimia	转喻	5.2
microlingüística	微观语言学	1.5
modo/modalidad	式	3.4
morfema	词素	3.2
morfema gramatical	语法义语素	3.2
morfema léxico	词汇义语素	3.2

（续表）

西班牙文术语	中文术语	章节
morfema libre	自由语素	3.2
morfología	词法、词法学	1.5，3.1
nasal	鼻音	2.1，2.3
neurolingüística	神经语言学	1.5
neutralización	中化	2.5
neutro	中性	3.4
no marcado	非标记形式	5.3
nombre común	普通名词	5.1
nombre propio	专有名词	5.1
núcleo silábico	音核	2.4
número	数	3.4
oclusiva	塞音	2.3
onda sonora	声波	2.1
oral	口音	2.1
orinasal	口鼻音	2.1
palabra compuesta	合成词	3.5
palabra polisémica	多义词	5.2
palatal	舌面硬腭音	2.3
parasíntesis	混合	3.5
pares mínimos	最小对立体	2.3
partícula	小品词	3.3
pasado/pretérito	过去	3.4
perfecto	完成体	3.4
performativo explícito	显性施为句	5.4
performativo implícito	隐性施为句	5.4
plural	复数	3.4
polisemia	多义关系	5.2
pragmática	语用学	1.5

（续表）

西班牙文术语	中文术语	章节
prefijo	前缀	3.2
preposición	介词	3.3
prescripción	规定	1.6
presente	现在	3.4
préstamo lingüístico	外语借词	3.5
prevaricación	欺骗性	1.3
principio de cooperación	合作原则	5.4
principio de cortesía	礼貌原则	5.4
productividad	多产性	1.3
pronombre	代词	3.3
pronombre anafórico	照应代词	5.1
psicolingüística	心理语言学	1.5
raíz	词根	3.2
rasgos semánticos	语义特征	5.3
receptor	信息接收者	1.4
reconocimiento automático del habla	语音识别	2.1
referencia/referente	指称	5.1
reflexividad	自指性	1.3
relevancia	关联	5.4
representación fonética	语音学描写方式	2.2
representación fonológica	音系学描写方式	2.2
retórica interpersonal	人际修辞	5.4
retórica textual	篇章修辞	5.4
revitalización	旧词新用	3.5
sandhi	语流音变	2.5
segmentación	切分	3.1
segmentación automática	自动切分	3.1
sema	义素	5.3

（续表）

西班牙文术语	中文术语	章节
sema común/idéntico	共同义素	5.3
semaespecífico/diferencial	区别义素	5.3
semántica	语义学	1.5
semántica cognitiva	认知语义学	5.1
semántica estructural	结构语义学	5.1
semántica funcional	功能语义学	5.1
semántica generativa	生成语义学	5.1
semántica léxica	词汇语义学	5.1
semema	词素义	5.3
semiconsonante	半辅音	2.4
semivocal	半元音	2.4
sentido	含义	5.1
sigla	首字母造词	3.5
significado afectivo	感情意义	5.1
significado asociativo	联想意义	5.1
significado conceptual/denotativo	概念意义	5.1
significado conlocativo	搭配意义	5.1
significado estilístico	风格意义	5.1
significado reflejo	反映意义	5.1
significado temático	主题意义	5.1
sílaba	音节	2.4
sílaba abierta	开音节	2.4
sílaba átona	非重读音节	2.4
sílaba cerrada	闭音节	2.4
sílaba tónica	重读音节	2.4
silabificación	分音节	2.4
sinalefa	连读	2.5
sinalefa impura	非纯连读	2.5

（续表）

西班牙文术语	中文术语	章节
sinalefa pura	纯连读	2.5
sincronía	共时性	1.6
sincronización del habla	语音同步	2.1
singular	单数	3.4
sinónimos	同义词	5.2
sintaxis	句法、句法学	1.5，3.1
sistema de comunicación	交际系统	1.2
sociolingüística	社会语言学	1.5
sonoridad	音高	2.1
subjuntivo	虚拟式	3.4
sufijo	后缀	3.2
sufijos apreciativos	评价后缀	3.5
sufijos significativos	实意后缀	3.5
sustantivo epiceno	通性名词	3.4
sustantivo/nombre	名词	3.3
sustantivos con plural inherente/pluralia tantum	内在复数名词	3.4
sustantivos con singular inherente/singularia tantum	内在单数名词	3.4
teoría de la relevancia	关联理论	5.4
tilde	重音符号	2.4
timbre	音质	2.1
triángulo articulatorio	语音三角	2.3
triángulo semántico	语义三角	5.1
triptongo	三元音	2.4
unidades discretas	离散性	1.3
uvular	小舌音	2.3
valor cualitativo	质变	3.5
valor cuantitativo	量变	3.5

（续表）

西班牙文术语	中文术语	章节
variedad lingüística	语言变体	1.5
velar	舌根软腭音	2.3
verbo	动词	3.3
verbo performativo/realizativo	施为动词	5.4
vibrante múltiple	颤音	2.1
vibrante simple	闪音	2.3
violación de las máximas	违反准则	5.4
vocal	元音	2.3
vocal abierta	开元音	2.3
vocal alta	高元音	2.3
vocal baja	低元音	2.3
vocal cerrada	合元音	2.3
vocal corta	短元音	2.3
vocal larga	长元音	2.3
vocal medio-abierta	半开元音	2.3
vocal medio-alta	半高元音	2.3
vocal medio-cerrada	半合元音	2.3
vocal satélite	游离元音	2.4
voz	语态	3.4
voz activa	主动语态	3.4
voz antipasiva	反被动语态	3.4
voz media	中动语态	3.4
voz pasiva	被动语态	3.4
yuxtaposición	并列合成	3.5
zona glótica	声门区	2.1

中西术语目录

中文术语	西班牙文术语	章节
巴斯克语	euskera	2.3
半辅音	semiconsonante	2.4
半高元音	vocal medio-alta	2.3
半合元音	vocal medio-cerrada	2.3
半开元音	vocal medio-abierta	2.3
半元音	semivocal	2.4
褒奖准则	máximas de aprobación	5.4
被动语态	voz pasiva	3.4
鼻音	nasal	2.1，2.3
比较语言学	lingüística comparada	1.5
闭合词类	clases cerradas	3.3
闭音节	sílaba cerrada	2.4
边音	lateral	2.3
变格	declinación	3.4
宾格	caso acusativo	3.4
并列合成	yuxtaposición	3.5
擦音	fricativa	2.3
颤音	vibrante múltiple	2.1，2.3
陈述式	indicativo	3.4
成事行为	acto perlocutivo	5.4
齿间音	interdental	2.3
创造性	creatividad	1.3
纯连读	sinalefa pura	2.5
唇齿音	labiodental	2.3
词法	morfología	3.1
词法学	morfología	1.5
词根	raíz	3.2
词汇化	lexicalización	3.5

（续表）

中文术语	西班牙文术语	章节
词汇基础	base léxica	3.2
词汇学	lexicología	5.1
词汇义语素	morfema léxico	3.2
词汇语义学	semántica léxica	5.1
词类	categoría gramatical/clases de palabras	3.2
词素	morfema	3.2
词素义	semema	5.3
词源	etimología	5.2
词缀	afijo	3.2
搭配意义	significado conlocativo	5.1
大规模语料库	corpus masivo	1.5
代词	pronombre	3.3
单层派生	derivación simple	3.5
单数	singular	3.4
得体准则	máximas de tacto	5.4
等级反义关系	antonimia gradual	5.2
低元音	vocal baja	2.3
递降双元音	diptongo decreciente	2.4
递升双元音	diptongo creciente	2.4
动词	verbo	3.3
动词派生法	derivación verbal	3.5
短元音	vocal corta	2.3
断词	acortamiento	3.5
对等合成	contraposición	3.5
多层派生	derivación múltiple	3.5
多产性	productividad	1.3
多义词	palabra polisémica	5.2
多义关系	polisemia	5.2

（续表）

中文术语	西班牙文术语	章节
二重性	articulación dual	1.3
发音器官	aparato fonador	2.1
发音语音学	fonética articulatoria	2.1
反被动语态	voz antipasiva	3.4
反向反义关系	antonimia recíproca/conversa	5.2
反义词	antónimos	5.2
反映意义	significado reflejo	5.1
方式准则	máxima de manera	5.4
非标记形式	no marcado	5.3
非纯连读	sinalefa impura	2.5
非礼貌性	descortesía	5.1
非重读音节	sílaba átona	2.4
分立元音	hiato	2.4
分音节	silabificación	2.4
分音节	división de palabras	2.4
风格意义	significado estilístico	5.1
辅音字母组合	grupos consonánticos	2.4
复数	plural	3.4
副词	adverbio	3.3
副词派生法	derivación adverbial	3.5
概念	concepto	5.1
概念功能	función ideacional	1.4
概念意义	significado conceptual/denotativo	5.1
感情意义	significado afectivo	5.1
感知语音学	fonética perceptiva	2.1
高元音	vocal alta	2.3
格	caso	3.4
公众形象	imagen pública	5.4

（续表）

中文术语	西班牙文术语	章节
功能语义学	semántica funcional	5.1
功能主义语言学	funcionalismo lingüístico	1.7
共时性	sincronía	1.6
共时研究	estudios sincrónicos	1.6
共时语言学	lingüística sincrónica	1.6
共同义素	sema común/idéntico	5.3
构词法	formación de palabras	3.2, 3.5
孤立语	lenguas aislantes	1.1
关联	relevancia	5.4
关联理论	teoría de la relevancia	5.4
关系准则	máxima de relación	5.4
规定	prescripción	1.6
规定性语法	gramática prescriptiva	1.6
规定性语言学	lingüística prescriptiva	1.6
过去	pasado/pretérito	3.4
含义	sentido	5.1
行事行为	acto ilocutivo	5.4
合成	composición	3.5
合成词	palabra compuesta	3.5
合元音	vocal cerrada	2.3
合作原则	Principio de cooperación	5.4
宏观语言学	macrolingüística	1.5
喉音	gutural	2.1
后缀	sufijo	3.2
互补反义关系	antonimia complementaria	5.2
换位	metátesis	2.5
会话含义	implicatura conversacional	5.4
混合	parasíntesis	3.5

（续表）

中文术语	西班牙文术语	章节
积极礼貌策略	estrategias de cortesía positiva	5.4
积极面子	imagen positiva	5.4
基频	frecuencia fundamental	2.1
基音	fono fundamental	2.1
计算语言学	lingüística computacional	1.5
纪录语言学	lingüística documental	1.5
将来	futuro	3.4
交际能力	capacidad de comunicación	1.2
交际系统	sistema de comunicación	1.2
接触功能	función fática/de contacto	1.4
结构语义学	semántica estructural	5.1
结构主义语言学	estructuralismo lingüístico	1.7
介词	preposición	3.3
介词格	caso preposicional/oblicuo	3.4
介词合成	compuesto preposicional/sinapsia	3.5
近音	aproximante	2.3
经验语法	gramática empírica	1.7
旧词新用	revitalización	3.5
句法	sintaxis	3.1
句法学	sintaxis	1.5
具体语言学	lingüística específica	1.6
开放词类	clases abiertas	3.3
开音节	sílaba abierta	2.4
开元音	vocal abierta	2.3
慷慨准则	máximas de generosidad	5.4
空间指示	deixis espacial	5.1
口鼻音	orinasal	2.1
口音	oral	2.1

（续表）

中文术语	西班牙文术语	章节
离散性	unidades discretas	1.3
礼貌	cortesía	5.4
礼貌策略	estrategias de cortesía	5.4
礼貌性	cortesía	5.1
礼貌原则	principio de cortesía	5.4
历时性	diacronía	1.6
历时研究	estudios diacrónicos	1.6
历时语言学	lingüística diacrónica	1.6
历史比较语言学	lingüística histórica/lingüística diacrónica	1.7
连词	conjunción	3.3
连读	sinalefa	2.5
连字符	guion	2.4
联想意义	significado asociativo	5.1
量变	valor cuantitativo	3.5
描写	descripción	1.6
描写性语法	gramática descriptiva	1.6
描写性语言学	lingüística descriptiva	1.6
名词	sustantivo/nombre	3.3
名词派生法	derivación nominal	3.5
明示行为	acto ostensivo/acto de ostensión	5.4
明示交际行为	acto de comunicación ostensiva	5.4
明示推理交际	comunicación ostensivo-inferencial	5.4
命令式	imperativo	3.4
内部语言学	lingüística interna	1.5
内在单数名词	sustantivos con singular inherente/singularia tantum	3.4
内在复数名词	sustantivos con plural inherente/pluralia tantum	3.4
拟声造词	creación onomatopéyica	3.5
黏着语	lenguas aglutinantes	1.1

（续表）

中文术语	西班牙文术语	章节
派生	derivación	3.5
偏正合成	disyunción	3.5
篇章修辞	retórica textual	5.4
频率	frecuencia	2.1
评价后缀	sufijos apreciativos	3.5
普遍语法	gramática universal	1.6
普通名词	nombre común	5.1
普通语言学	lingüística general	1.6
欺骗性	prevaricación	1.3
祈使式	imperativo	3.4
谦逊准则	máximas de modestia	5.4
前缀	prefijo	3.2
切分	segmentación	3.1
亲昵的词语	hipocorístico	2.3
清辅音	consonante sorda	2.3
情感功能	función emotiva/emocional	1.4
情景语境	contexto situacional	5.4
区别义素	semaespecífico/diferencial	5.3
屈折	flexión	3.4
屈折语	lenguas flexivas	1.1
人称指示	deixis personal	5.1
人际功能	función interpersonal	1.4
人际修辞	retórica interpersonal	5.4
认知语境	contexto cognitivo	5.4
认知语义学	semántica cognitiva	5.1
任意性	arbitrariedad	1.3
塞擦音	africada	2.3
塞音	oclusiva	2.3

（续表）

中文术语	西班牙文术语	章节
三元音	triptongo	2.4
闪音	vibrante simple	2.3
上位词	hiperónimo	5.2
上下文	cotexto/contexto lingüístico/contexto intratextual	5.4
上义关系	hiperonimia	5.2
舌根软腭音	velar	2.3
舌尖齿龈音	dental	2.3
舌尖硬腭音	alveolar	2.3
舌面硬腭音	palatal	2.3
社会语言学	sociolingüística	1.5
神经语言学	neurolingüística	1.5
生成语法	gramática generativa	1.6
生成语义学	semántica generativa	5.1
生理语音学	fonética fisiológica	2.1
声波	onda sonora	2.1
声带	cuerdas vocales	2.1
声门	glotis	2.1
声门区	zona glótica	2.1
声门上腔	cavidades supraglóticas	2.1
声门下腔	cavidades infraglóticas	2.1
声学语音学	fonética acústica	2.1
诗学功能	función poética	1.4
施为动词	verbo performativo/realizativo	5.4
施为句	enunciado performativo/realizativo	5.4
实意后缀	sufijos significativos	3.5
时间指示	deixis temporal	3.5
式	modo/modalidad	3.4
首字母造词	sigla	3.5

（续表）

中文术语	西班牙文术语	章节
殊化	diferenciación	2.5
数	número	3.4
数量准则	máxima de cantidad	5.4
双唇音	bilabial	2.3
双元音	diptongo	2.4
缩短	acortamiento	2.5
缩合	contracción	3.1
缩略语	acrónimo	3.5
缩写词	abreviatura	3.5
所指功能	función referencial	1.4
体	aspecto	3.4
听觉语音学	fonética auditiva	2.1
通性名词	sustantivo epiceno	3.4
同化	asimilación	2.5
同类派生	derivación homogénea	3.5
同情准则	Máxima de simpatía	5.4
同位音	alófono	2.2
同形异义词	homógrafas	5.2
同义词	sinónimos	5.2
同音异义词	homófonas	5.2
外部语言学	lingüística externa	1.5
外语借词	préstamo lingüístico	3.5
完成体	perfecto	3.4
微观语言学	microlingüística	1.5
违反准则	violación de las máximas	5.4
唯理语法	gramática razonada	1.7
未完成体	imperfecto	3.4
（信息发布的）物理载体	canal	1.4

267

（续表）

中文术语	西班牙文术语	章节
物理语音学	fonética física	2.1
系统功能语言学	lingüística sistémico-funcional	1.7
下位词	hipónimo	5.2
下义关系	hiponimia	5.2
显性施为句	performativo explícito	5.4
现在	presente	3.4
限定词	determinante	3.3
相互反义词	antónimos recíprocos	5.2
消极礼貌策略	estrategias de cortesía negativa	5.4
消极面子	imagen negativa	5.4
小品词	partícula	3.3
小舌音	uvular	2.3
心理语言学	psicolingüística	1.5
信息	mensaje	1.4
信息发出者	emisor	1.4
信息接收者	receptor	1.4
形容词	adjetivo	3.3
形容词派生法	derivación adjetival	3.5
形式主义语言学	formalismo lingüístico	1.7
性	género	3.4
虚拟式	subjuntivo	3.4
叙事行为	acto locutivo	5.4
延长	alargamiento	2.5
阳性	masculino	3.4
移位	inversión	2.5
移位性	desplazamiento	1.3
义素	sema	5.3
义素分析	análisis sémico	5.3

（续表）

中文术语	西班牙文术语	章节
异化	disimilación	2.5
异类派生	derivación heterogénea	3.5
意动功能	función apelativa/conativa	1.4
阴性	femenino	3.4
音高	sonoridad	2.1
音核	núcleo silábico	2.4
音节	sílaba	2.4
音强	intensidad	2.1
音位	fonema	2.2
音系学	fonología	1.5
音系学描写方式	representación fonológica	2.2
音长	longitud	2.1
音质	timbre	2.1
隐性施为句	performativo implícito	5.4
隐喻	metáfora	5.2
隐喻扩展	extensión metafórica	5.2
应用语言学	lingüística aplicada	1.5
游离元音	vocal satélite	2.4
语系	familia de lenguas	1.1
与格	caso dativo	3.4
语法化	gramaticalización	3.5
语法义语素	morfema gramatical	3.2
语境	contexto	1.4
语境效果	efectos contextuales	5.4
语料库语言学	lingüística de corpus	1.5
语流音变	sandhi	2.5
语码	código	1.4
语篇功能	función textual	1.4

（续表）

中文术语	西班牙文术语	章节
语篇指示	deixis textual	5.1
语气词	interjección	3.3
语素	morfema	3.2
语素变体	alomorfo	3.2
语态	voz	3.4
语文学	filología	1.7
语言变体	variedad lingüística	1.5
语言能力	competencia lingüística	1.6
语言学史学	historiografía lingüística	1.5
语言运用	actuación lingüística	1.6
语义场	campo semántico	5.3
语义三角	triángulo semántico	5.1
语义素	lexema	3.2
语义特征	rasgos semánticos	5.3
语义学	semántica	1.5
语音三角	triángulo articulatorio	2.3
语音识别	reconocimiento automático del habla	2.1
语音同步	sincronización del habla	2.1
语音学	fonética	1.5
语音学描写方式	representación fonética	2.2
语用学	pragmática	1.5
元音	vocal	2.3
元语言功能	función metalingüística	1.4
赞同准则	Máxima de acuerdo	5.4
长元音	vocal larga	2.3
照应代词	pronombre anafórico	5.1
振幅	amplitud	2.1
直陈式	indicativo	3.4

（续表）

中文术语	西班牙文术语	章节
指称	referencia/referente	5.1
指示	deixis	5.1
质变	valor cualitativo	3.5
质量准则	máxima de calidad	5.4
中动语态	voz media	3.4
中化	neutralización	2.5
中世纪思辨语法	gramática especulativa medieval	1.7
中性	neutro	3.4
中缀	interfijo/infijo	3.2
重读	acentuación	2.4
重读音节	sílaba tónica	2.4
重音	acentuación	2.1
重音符号	tilde	2.4
主动语态	voz activa	3.4
主格	caso nominativo	3.4
主题意义	significado temático	5.1
专有名词	nombre propio	5.1
转换生成语法	gramática generativa transformacional	1.6
转换生成语言学	lingüística generativa transformacional	1.7
转换语法	gramática transformacional	1.6
转喻	metonimia	5.2
浊辅音	sonoridad	2.3
自动切分	segmentación automática	3.1
自由语素	morfema libre	3.2
自指性	reflexividad	1.3
字母	grafema	2.5
最小对立体	pares mínimos	2.3

重要术语解释

afijo Partícula que se une a una palabra o a una base para formar palabras derivadas; puede aparecer al principio, en medio o al final de la palabra.

agente Participante que lleva a cabo la acción.

alófono Sonido propio de la pronunciación de un fonema, que puede variar según su posición en la palabra o en la sílaba y en relación con los sonidos vecinos, aunque sigue considerándose el mismo fonema.

alomorfo Variante de un morfema que resulta de un cambio de contexto lingüístico.

arbitrariedad Propiedad del lenguaje entendida como la inexistencia de conexión natural entre una forma lingüística y su contenido, es decir, las formas del lenguaje no tienen porqué adecuarse a los objetos que denotan.

articulación dual Los sonidos de una lengua no tienen significado intrínseca, pero se combinan entre sí de diferentes maneras para formar elementos que poseen significado.

aspecto Categoría gramatical que distingue en el verbo matices no temporales del desarrollo de la acción verbal, como duración, reiteración, perfección o comienzo.

base léxica Voz o forma de la que se parte en un proceso morfológico. La raíz y la base léxica coinciden si la base léxica termina en consonante o vocal tónica y no coinciden si acaban en vocal tónica.

beneficiario Participante en cuyo beneficio se realiza la acción.

caso Forma que los sustantivos, adjetivos y pronombres adoptan en algunas lenguas para expresar su función sintáctica.

caso acusativo Caso gramatical que se suele ver la expresión de una relación inmediata entre el verbo y el objeto al que se refiere la acción verbal,

caso dativo Caso gramatical que se puede aplicar a sintagmas nominales y que marca normalmente el complemento indirecto, por lo que sirve para expresar la persona o cosa que recibe el beneficio o perjuicio de la acción verbal.

caso nominativo Caso gramatical que se aplica a sintagmas nominales en función de sujeto o de atributo en lenguas declinables.

caso preposicional/oblicuo Caso gramatical que va marcado mediante preposición.

categoría gramatical Clase de palabras, según la función que desempeñan en la frase.

causa Entidad por la cual sucede un evento.

clases de palabras Clase de palabras, según la función que desempeñan en la frase.

complemento de régimen (preposicional) Complemento gramatical cuya función es desempeñada por un sintagma preposicional formado por una preposición más un sintagma nominal.

composición Procedimiento para formar palabras mediante la unión de dos o más palabras existentes en la lengua.

contracción Palabra resultante de unir dos palabras seguidas.

creatividad El uso del lenguaje humano no está condicionado por estímulos exteriores ni interiores en la producción de un enunciado.

declinación Conjunto ordenado de las posibles variaciones morfológicas de los nominales de las lenguas flexivas en virtud de sus diferencias casuales.

deixsis Función de algunos elementos lingüísticos que consiste en señalar o mostrar una persona, un lugar o un tiempo exteriores al discurso u otros elementos del discurso o presentes solo en la memoria.

derivación Procedimiento para formar palabras a partir de otras ya existentes.

derivación heterogénea Procedimiento de derivación que cambia la categoría gramatical de la palabra.

derivación homogénea Procedimiento de derivación que no cambia la categoría gramatical de la palabra.

derivación múltiple La derivación se consigue con varios morfemas derivativos.

derivación simple La derivación se consigue con un solo morfema derivativo.

desplazamiento Las señales o signos pueden referirse a eventos lejanos en el tiempo o en el espacio con respecto a la situación del hablante.

destinatario Participante al que se dirige la acción.

determinante Palabra que acompaña al sustantivo y limita o concreta su referencia, como el artículo y los adjetivos demostrativos, posesivos, indefinidos y numerales.

exclamativa retórica Figura retórica de tipo dialógica o patética que intenta transmitir fuertes emociones al destinatario del mensaje.

experimentante Participante que experimenta o percibe un proceso o un estado emocional.

familia de lenguas Conjunto de varias lenguas lingüísticamente afines y descendientes de una protolengua.

femenino Que se aplica a los sustantivos que denotan personas y animales del sexo femenino o a otros sustantivos, así como a los adjetivos o determinantes que concuerdan con este tipo de sustantivos y a los pronombres que se refieren a ellos.

flexión Procedimiento morfológico por el que una palabra cambia de forma según sus accidentes gramaticales y sus relaciones de dependencia.

fonema Unidad fonológica mínima que resulta de la abstracción o descripción teórica de los sonidos de la lengua.

fonética Parte de la lingüística que se ocupa del estudio de los sonidos en su realización física, sus diferentes características y particularidades.

fonética acústica Estudio de la fonética desde el punto de vista de las ondas sonoras. Se ocupa de la medición científica de las ondas de sonido que se crean en el aire cuando hablamos.

fonética articulatoria Estudio de la fonética que se ocupa de la producción física del habla.

fonética perceptiva Estudio de la fonética que se ocupa del sonido desde el punto de vista del receptor, es decir, los mecanismos de la percepción del sonido.

fonología Parte de la lingüística que estudia de qué manera los sonidos del habla se organizan y relacionan lingüísticamente en las lenguas humanas para significar.

fonología Parte de la lingüística que estudia los fonemas o descripciones teóricas de los sonidos vocálicos y consonánticos que forman una lengua.

función apelativa/conativa Función que pretende captar la atención del receptor y recibir una reacción o respuesta de su parte.

función emotiva/emocional Función que expresa sentimientos, deseos y opiniones del emisor.

función fática/de contacto Función que se centra en el canal de comunicación que utilizan el emisor y el receptor, con el objeto de verificar su funcionamiento e iniciar, prolongar o interrumpir la comunicación.

función metalingüística   Función que se caracteriza por utilizar el lenguaje con el objetivo de hablar acerca de la propia lengua. Está centrada en el código.

función poética   Función que se basa en la forma del mensaje, en los recursos literarios y en los estilismos empleados para hacer mayor énfasis en la información que se transmite, se acostumbra a emplear en las obras literarias.

función referencial   Función que se centra en el contenido del mensaje (contexto) y se utiliza cuando el emisor informa sobre un hecho real y comprobable.

funciones   Papeles o roles que desempeñan los grupos sintácticos en las relaciones que contraen en los enunciados.

funciones semánticas   Se refiere al papel que desempeña un participante en la situación denotada por una oración.

género   Categoría gramatical de ciertas lenguas, presente en algunas de sus clases de palabras (sustantivo, adjetivo, pronombre y determinante), que indica si son masculinas, femeninas o neutras.

gramaticalización   Pérdida del significado léxico por una palabra, que debido a este fenómeno se convierte en una palabra auxiliar.

hiato   Encuentro de dos vocales contiguas que no forman diptongo y, por tanto, se pronuncian en distintas sílabas.

imperativo   Modo verbal que expresa orden, ruego o mandato.

imperfecto   Tiempo verbal que indica que la acción no está acabada.

indicativo   Modo verbal que expresa una acción, un proceso o un estado como algo real y objetivo.

infijo Afijo con el que se forman, en el interior de una palabra derivada o de su lexema o raíz, palabras derivadas.

información remática (rema) Información que el hablante presenta como nueva, desconocida para su interlocutor.

Información temática (tema) Información que el hablante supone conocida o consabida por el interlocutor.

instrumento Participante mediante el cual se lleva a cabo el evento.

interfijo Afijo con el que se forman, en el interior de una palabra derivada o de su lexema o raíz, palabras derivadas.

interrogativa retórica Figura retórica que consiste en realizar una pregunta sin esperar una respuesta por estar ya contenida o por imposibilidad de encontrarla.

lenguas aglutinantes Es una clasificación tipológica a las lenguas basada en la característica morfológica. Una lengua aglutinante es aquella en la que las palabras se componen de una secuencia lineal de morfemas distintivos y cada componente del significado está representado por su propio morfema.

lenguas aislantes Es una clasificación tipológica a las lenguas basada en la característica morfológica. Una lengua aislante es aquella en la que sus palabras son invariables, es decir, carece de morfología.

lenguas flexivas Es una clasificación tipológica a las lenguas basada en la característica morfológica. Una lengua flexiva es aquella que se caracterizan por una tendencia a incluir mucha información en sufijos o prefijos, mediante la flexión de algunas palabras.

lexema Unidad mínima con significado léxico, que está sustituido por raíz.

lexicalización Aparición de una nueva unidad léxica a base de algunas formas gramaticales (morfemas o palabras auxiliares) o combinaciones sintácticas de palabras (sintagmas).

lugar   Ubicación en la que se localiza toda la situación u otra entidad.

masculino   Que es propio de palabras (nombres, adjetivos, pronombres y determinantes) que exigen concordancia en -o, -es.

modo/modalidad   Manera de presentar la acción de un verbo, matizando distintas actitudes del hablante.

morfema   Unidad más pequeña de la lengua que tiene significado léxico o gramatical y no puede dividirse en unidades significativas menores.

morfema gramatical   Morfema que expresa la información gramatical de una palabra: caso, género, número, persona, tiempo, aspecto y modo verbal.

morfema léxico   Unidad mínima con significado léxico.

morfema libre   Morfema que puede constituir por sí sólo una palabra.

morfología   Disciplina lingüística que estudia las reglas que rigen la flexión, la composición y la derivación de las palabras.

morfología   Parte de la lingüística que estudia las reglas que rigen la flexión, la composición y la derivación de las palabras.

neutro   Distinta de las de masculino y femenino.

número   Accidente gramatical que expresa si las palabras se refieren a una sola persona o cosa o a más de una, por ejemplo, por medio de cierta diferencia en la terminación de las mismas.

origen (fuente)   Participante que origina un proceso o el lugar del que se aleja.

paciente   Participante que se ve afectado o desplazado por la acción del agente.

parasíntesis   Procedimiento para la formación de palabras en que intervienen composición y derivación o prefijación y sufijación de manera simultánea.

pares mínimos Un par de palabras o frases de un idioma en particular que difieren únicamente en un fono.

partícula Elemento invariable que funciona como elemento de unión o que se une a una palabra o a una raíz para formar palabras derivadas.

perfecto Tiempo verbal que indica que la acción está acabada.

pragmática Parte de la lingüística que estudia el lenguaje en su relación con los usuarios y las circunstancias de la comunicación.

predicado Parte de la oración gramatical en la que se dice o se predica algo del sujeto; es un sintagma que está formado por un verbo, que es el núcleo, y unos complementos.

prefijo Afijo que se añade al comienzo de una palabra para formar una palabra derivada.

prevaricación Posibilidad de emitir mensajes que no sean verdaderos.

productividad Capacidad infinita de las lenguas humanas para entender y expresar significados distintos con elementos conocidos para producir nuevos elementos.

raíz conjunto de fonemas mínimo e irreductible que comparten las palabras de una misma familia.

reflexividad El sistema de comunicación permite referirse a él mismo.

revitalización Proceso de detener o revertir la disminución de los hablantes de una lengua o para revivir una lengua extinta.

sandhi Diferentes tipos de alteraciones fonosintácticas, determinadas por el contexto fonológico, que sufren los fonemas en medio de la palabra o dentro de la frase al entrar en contacto con otros sonidos.

semántica Parte de la lingüística que estudia el significado de las expresiones lingüísticas.

sílaba Sonido o conjunto de sonidos articulados que se producen entre dos breves y casi imperceptibles interrupciones de la salida de aire de los pulmones en la emisión de voz.

sílaba abierta Sílaba que acaba en vocal.

sílaba cerrada Sílaba que acaba en consonante.

sinalefa Unión de la vocal o vocales finales de una palabra con la vocal o vocales iniciales de la siguiente, de modo que forman una única sílaba tanto a efectos fonéticos como métricos.

sintaxis Disciplina lingüística que estudia el orden y la relación de las palabras o sintagmas en la oración, así como las funciones que cumplen.

sintaxis Parte de la lingüística que estudia el orden y la relación de las palabras o sintagmas en la oración, así como las funciones que cumplen.

subjuntivo Modo verbal que expresa una acción, un proceso o un estado como hipotético, dudoso, posible o deseado; suele aparecer en oraciones subordinadas.

sufijo Afijo que se añade al final de una palabra o de su raíz para formar una palabra derivada.

sustantivo epiceno sustantivo inherentemente masculino o femenino que designa personas o animales sin diferenciar sexo, por ejemplo, *el hipopótamo macho* y *el hipopótamo hembra.* cuando se añade la palabra macho o hembra al plural de un nombre epiceno, esta debe mantenerse invariable, por ejemplo, *los hipopótamos macho.*

sustantivos con plural inherente/pluralia tantum Sustantivos que suelen usarse solo en plural, por ejemplo, *víveres, afueras, cosquillas,* etc.

sustantivos con singular inherente/singularia tantum Sustantivos que suelen usarse solo en singular, debido a que designan una entidad única, por ejemplo, *salud, oeste, sed*, etc.

término (dirección) Participante o el lugar hacia el que se dirige la acción.

tiempo Momento en que tuvo lugar la acción.

triángulo articulatorio/vocálico Representación gráfica que describe las diferencias de articulación de las vocales mediante la posición relativa de la lengua y la participación o no de un movimiento de los labios.

triptongo Grupo de tres vocales contiguas que se pronuncian en una sola sílaba.

unidades discretas Las lenguas pueden usar un conjunto de elementos que contrastan entre sí.

voz Accidente gramatical que expresa si el sujeto del verbo ejecuta la acción o la recibe.

voz activa Forma de conjugación que expresa que el sujeto realiza la acción.

voz media Forma de conjugación que expresa la implicación o voluntariedad del sujeto en la realización de una acción.

voz pasiva Forma de conjugación que expresa que el sujeto recibe la acción.